迪慶藏族自治州博物館
ཡུལ་བདེ་ཆེན་བོད་རིགས་རང་སྐྱོང་ཁུལ་དངོས་མཛད་བཀམས་སྟོན་ཁང་།
Diqing Tibetan Autonomous Prefecture Museum

《泥上艺术——云南迪庆擦擦文化调查纪实》

编纂委员会

主　　任：高　翔

副 主 任：蒲向红　李　武　马彩花　罗小三

委　　员：李　强　潘晓勤　张红艳　余桂仙　肖金叶

唐黎静　王庆媛　和覆萁　道巴竹玛

主　　编：潘晓勤

副 主 编：王庆媛　张红艳　余桂仙

执行主编：陈树珍

泥上艺术

འཇིམ་བཟོའི་སྒྱུ་རྩལ།

云南迪庆擦擦文化调查纪实

迪庆藏族自治州博物馆　著

民族出版社

图书在版编目（CIP）数据

泥上艺术 : 云南迪庆擦擦文化调查纪实 / 迪庆藏族自治州博物馆著. -- 北京 : 民族出版社, 2024.3
ISBN 978-7-105-17233-7

Ⅰ. ①泥… Ⅱ. ①迪… Ⅲ. ①喇嘛教－宗教文化－调查研究－迪庆藏族自治州 Ⅳ. ①B946.6

中国国家版本馆CIP数据核字（2024）第074562号

装帧设计：柴氏加央传媒有限公司
策划编辑：杨蜀艳
责任编辑：杨蜀艳

泥上艺术——云南迪庆擦擦文化调查纪实
NISHANGYISHU——YUNNAN DIQING CACA WENHUA DIAOCHA JISHI
迪庆藏族自治州博物馆 著

出版发行 民族出版社
社　　址 北京市东城区和平里北街14号
邮　　编 100013
网　　址 http://www.mzpub.com
开　　本 787毫米×1092毫米 1/16
印　　张 18.25
字　　数 260千字
版　　次 2024年7月第1版 2024年7月第1次印刷
印　　刷 深圳市国际彩印有限公司
经　　销 各地新华书店
书　　号 ISBN 978-7-105-17233-7/B·894(汉307)
定　　价 168.00元

投稿热线：010—58130098；发行部：010—64224782

序

擦擦，源自古老的印章文化。最早由两河流域的印章文化辗转流传到印度平原，历尽长期的绵延发展，直到佛教文化发祥，从此遇到天时和地利，凹型雕塑的印章与佛教题材碰撞——最早的擦擦出现了。随着佛教远播万里，擦擦文化因此也走向四面八方，去了更遥远的国度，并且不断与不同的地域性文化融合、呈现、再发展，它们的身影远及天涯海角，其间发生过万千故事，已难以知晓和考证。

敦煌文献史料中记载，有一个失传久远的制作擦擦的节日——“印沙佛会”，从记载中的描述来看，当时从统领者赞普、王妃、王子、大臣到僧人、百姓共同度过的这个专属节日里，制作、存放擦擦是最重要的活动项目，其首要目的是祈福去灾，寄希望于美好未来。人类对幸福生活的向往从来都一样，一直没有停止。彼时，擦擦成为一种承载着平安祥瑞的希望愿力，充溢在整个社会人群的美妙想象和期许中，使当时社会各阶层和谐共度此佳节。事实上，类似“印沙佛会”的场面至今还能在西藏北部高原看到：一个村子里所有人在每年的特定时间停下手头的工作，集中到宽敞的场地一起制作擦擦；敲击擦擦模具的声响此起彼伏，擦擦制作从取土、活水、制作、晾晒到清点、存放，每个人分工不同，各个环节有条不紊地进行；几天下来制作出来的擦擦数以万计，场面颇为壮观，如同当年的“印沙佛会”现场。而延续到各地的擦擦制作在历史长河中一直在严格仪轨规范下进行，在和田、吐鲁番、敦煌、乌兰、都兰等遗址出土的唐时期擦擦遗物数量颇多，尽管其地理位置跨度很大，但从制作到供奉方式，它们共同遵循着统一的仪轨要求。相关早期擦擦的仪轨文献资料并非无迹可寻，仅敦煌文书记载就有多例。这种仪轨同样远播各地，一直主导和影响着后世擦擦文化的发展和交融。

有趣的是，流传到各地的擦擦发展也并非一成不变，它们经过各地不同文化与本土僧人的融合和想象，蜕变成更符合佛教文化形式，与擦擦的源头形象逐渐拉开视觉效果和功能的距离。大约在 12 世纪前后，长期按印式制作导致擦擦周边泥沿的不规整感迎来制作模具的改革，印章式擦擦模具开始设计成周边凸起，擦擦周边不再出现多余的泥沿，这使得擦擦更加具有规范感。此后擦擦的制作实现真正意义上的脱模制作，传统的按印方式逐渐退出历史舞台。各地域、各教派的上师形象开始进入擦擦的制作种类中，如阿底峡、八思巴、布顿等上师形象不断被信众以擦擦形式再现出来。后因信众甚至开始不满足擦擦仅被烧制成陶，不惜以成本更高的矿物颜料彩绘擦擦，尤其出于对擦擦供奉陈设的考虑，设计发明出由正、反两个不同模具合制而成的立体圆雕效果擦擦造像，使得擦擦得以像泥塑、金铜造像那样便于放置桌面以便观想和供奉，凸显了擦擦设计和制作的灵活性。由于泥土材料的特性，使得一尊造像的成本降到了最低，顺应了普通民众的信仰需求，这也是擦擦流传远方的根本优势，以致后来擦擦被制作成更小体量，放置嘎乌盒中随身携带，与民间广大基层的经济承受能力息息相关，它的成本与金铜、玉等材质相差悬殊，功能上却趋于一致。另外，还为擦擦配置专门的龛具，甚至以数量较多的擦擦组合成视觉美观的雕塑式佛造像画面，还设计了一种彩绘的木质塔形擦擦龛具，当各层龛门打开，里面密布的擦擦排列有序地展露出来，龛门合上则成一座佛塔，也便于信奉者背负异地流转，可随地立时膜拜和观想。在佛教文化的广泛传播中，各种擦擦形式的文化载体确实起到了非凡的功效。

佛教文化在广袤高原传播的最初时期，流传而来的造像艺术呈现出较为纯正的印度样式，它们都是外来的、陌生的视觉感受，在佛教文化逐渐扎稳根基之后，随即相融本土审美，擦擦文化发展也不例外。以后弘初期的西藏西部地区擦擦和中部拉萨、日喀则地区擦擦为例，在浓重的克什米尔艺术和波罗艺术的基础上，开始注入高原本土元素，如造像身躯、服式、面部等特征以及塔形、真言文字组合、整体造型设计的转变，逐渐与印度样式拉开距离，更契合高原藏传佛教流传区域传统文化的特征和气质。在相当长的发展时期中，高原擦擦的造像艺术始终保持着在印度、尼泊尔的外域风格样式的基础上附加以藏式文化审美特质，使得擦擦具有特殊的藏式模样，即便这种形式的文化延展到藏、汉交集区域，或是更遥远的地区，依然保持有浓郁的藏式痕迹，这种痕迹元素清晰地展现出擦擦从它的母国发祥地经由高原，再传播到四面八方的融汇过程。

云南境内的古代擦擦遗留也同样反映了擦擦文化发展的轨迹。以迪庆地区擦擦田野考察结果为例，2019 年 10 月至 2020 年 12 月，由迪庆藏族自治州（以下简称迪庆州）博物馆牵头的迪庆地区及周边相关擦擦遗存考察结果来看，该地区擦擦遗存点分布较为密集，体现了藏传佛教文化曾经在此地区的发展和影响力。已发现的古代擦擦年代主要集中在15世纪以后，其种类丰富，有塔类、佛陀、观音、金刚、上师等，以及部分制作擦擦的模具，同时，对存放擦擦的擦康、崖窟等地点的勘测，填补了迪庆地区这方面的空白。以一个地区范围作为相关擦擦文化的田野调查在目前国内还很少涉及，迪庆州博物馆显然意识到其重要性并且走在了前面，对现在及未来的中国藏学文化以及擦擦文化研究带来了积极的榜样作用。一直以来，中国以及国际学届对高原藏族生活区域古代传统文化的田野考察成果较为重视，它将是一把打开高原历史文化大门的钥匙，《泥上艺术——云南迪庆擦擦文化调查纪实》一书的出版也将是对高原古代文化智者们的致敬和献礼，为此感到欣喜，期待此后依旧耕耘不息，善果累累。是为序。

2022年9月

目录

第一章 擦擦的起源……1
第一节 擦擦的释义……1
一、汉地小泥佛、小泥塔……1
二、“擦擦”一词之来源……4
第二节 擦擦的起源及发展历史……5
一、擦擦的起源……5
二、擦擦的发展历史……6
三、云南擦擦的发展历史……8

第二章 云南擦擦的分布现状及所属的历史年代……18
第一节“云南擦擦分布区域及其社会文化功能”田野调查项目基本情况…18
一、调查区域概况……18
二、调查项目背景……19
三、调查项目组织形式……20
第二节 云南擦擦分布现状……22
一、擦擦分布现状……22
二、田野调查情况……24
第三节 德钦县擦擦分布现状……26
一、德钦县概况……26
二、擦擦分布现状……27
第四节 维西县擦擦分布现状……36
一、维西县概况……36
二、擦擦分布现状……37
第五节 香格里拉市擦擦分布现状……41
一、香格里拉市概况……41
二、擦擦分布现状……42
第六节 擦擦所属的历史年代……50

一、迪庆历史文化发展进程……50
二、迪庆苯教及藏传佛教文化发展进程……55
三、擦擦所属的历史年代……61

第三章 擦擦的制作技艺及制作模具……63
第一节 擦擦的制作技艺……64
一、取土……65
二、晒土舂土……65
三、筛土……65
四、和土……65
五、压模……65
六、脱模……65
七、装藏……66
八、上色……66
九、开光……67
十、供奉……67
第二节 擦擦的制作模具……69
一、陶质模具……70
二、泥质模具……79
三、铁质模具……85
四、铜质模具……86

第四章 擦擦的种类及供奉方式……93
第一节 质地不同的擦擦……94
一、泥擦……94
二、骨擦……95
三、药擦……97
四、布擦……97
五、陶擦……98
六、意念擦……102
第二节 不同表现题材的擦擦……103
一、塔擦……103

二、尊像擦……126
第三节 擦擦的供奉方式……168
一、佛寺塔基……169
二、神山圣迹……170
三、修行崖洞……173
四、擦康……174
五、洞穴……184
六、崖壁……185
七、家庭佛龛……187
八、转经亭等……188

第五章 擦擦的功能……189
第一节 擦擦的精神文化功能……189
一、宗教誓愿信物……190
二、祈求庇护……191
第二节 擦擦的社会文化功能……192
一、宣传佛法……192
二、防病治病……192
三、供养器物……192

附录：擦擦文化艺术展……194
展厅“前言”……195
第一单元 擦擦的发祥期（7—9 世纪）……196
第二单元 擦擦的过渡期（10—13 世纪）……199
第三单元 擦擦的交流融合期（14—17 世纪）……227
第四单元 擦擦的发展高峰期（17 世纪中叶以后）……256
结束语……275

参考文献……276

后记……278

第一章 擦擦的起源

擦擦作为藏传佛教造像艺术的重要形式之一，它蕴藏着藏传佛教艺术史中诸多流派的信息，是以西藏为代表的藏传佛教各个时代造像艺术风格的考证资料和直接的线索例证，历史上不同时期的擦擦作品无不折射出其背后隐藏的美学价值和宗教文化情怀。

制作擦擦是众多藏族人民和藏传佛教寺院的传统。在藏族人民心中，擦擦是一种护身符。长期以来，他们把擦擦当作圣物崇拜，以求实现自己的夙愿。在我国藏族居住地区，在寺院和经堂，在玛尼石堆和佛塔，在信教群众随身佩戴的“嘎乌”（装擦擦的护身符）内，甚至在山岩的缝隙和水边等处，都能与泥质佛塔（像）不期而遇。

第一节 擦擦的释义

藏族居住地区的擦擦和汉地的小泥佛、小泥塔，是既有关联又不完全相同的两个系统。近 30 年来，许多学者对擦擦作了比较深入的研究，并有专著面世，如张建林《中国藏传佛教雕塑全集・擦擦》（北京美术摄影出版社，2002），刘栋《擦擦——藏传佛教模制泥佛像》（天津人民出美术出版社，2010），张鹰《脱模泥塑》（重庆出版社，2001）等。而汉地小泥佛、小泥塔虽多有出土报道，但还缺少相关研究。

一、汉地小泥佛、小泥塔

小泥佛、小泥塔这两个名称，是与佛教在我国的传播和发展联系在一起的。小泥佛和小泥塔都是用泥压印或模压而成。为了使其坚固，有的烧制成陶，有的还施彩和鎏金，以增加其美观性。小泥佛为板状浮雕，有正方形、长方形、圆形、圆拱形、尖拱形、多曲尖拱形、尖卵形等不同形式；小泥塔多为立体圆雕，略呈圆锥体，下半部分有用手捏制的塔基托体，少数精工细作，十分工整，一般皆随意捏抟，高低不等，或呈瓮状，或呈盆状，或为圆弧状等，也有不做托体的平底泥塔。此外，还有板状浮雕小泥塔，有的在佛像两侧布塔。小泥佛、小泥塔与佛寺中的大佛像和地面上的大佛塔一致，只唯其体型小，用料为泥。小泥佛、小泥塔是佛教信徒做功德、积善业、求福祉的一种产物。经过开光仪式后，便被认为具有神佛灵气，而被人供养。小泥佛、小泥塔也是一种法身舍利，是佛的象征，多供奉于塔中。

唐代佛教文献记载，小泥塔称“小堵婆”“泥制底”，小泥佛称“拓模泥像”。玄奘《大唐西域记》卷九云：“印度之法，香沫为泥，作小堵婆，高五六寸，书写经文，以置其中，谓之法舍利也。数渐盈，精建大堵婆，总聚于内，常修供养。”义净《大唐西域求法高僧传》云：“归东印度，到三摩明吒国，国王……每于日日造拓模泥像十万躯。”并说：“西方法俗，莫不以此为业。”提云般若译《佛说大乘造像功德经》云：“若男子、女人、刍（比丘）、五众应造佛像，若无力者，下至大如黄麦，造堵波，形如枣许，刹杆如针，盖如麸片，舍利如芥子……随己力，能至诚殷重……洪纤两途，福应无二；大小千计，净心终一。”义净《南海寄归内法传》又云：西国诸寺“造泥制底及拓模泥像”。这些引文说明造小泥塔、小泥佛习俗是从印度传来的，当时称为“小堵婆”“泥制底”“拓模泥像”等。“堵婆”“制底”都是音译，旧译为“浮屠”“浮图”，即佛塔。

制作小泥佛、小泥塔的习俗是随着东传的佛教，早在北朝时就在中原地区流行，只是到了唐代更为盛行而已。在现实生活中，根据它们制作的原料和形状称为“小泥佛”“小泥塔”。小泥塔的名称，最早见于唐武则天时期翻译的佛经《无垢净光大陀罗尼经》，只要“修故塔或造小泥塔”，便可使“短命者”长命，“多病者”无病。唐代段成式《寺塔记》载：“常乐坊（引者按：今西安交通大学南边），赵景公寺僧守行，造小泥塔及木塔近十万枚，当时（引者按：武宗会昌三年）尚有数万存焉。”在唐代关中一带，还将小泥佛称为“善业泥”。在西安唐长安寺院遗址出寺的泥佛也称为“善业泥”。[①]唐宋时期，在敦煌一带，还有“脱塔”“脱佛”的称呼。[②]从晚唐、五代、宋代的敦煌文献中看出，在敦煌一带，信徒们除“脱塔”“脱佛”外，还有一种更为便捷、更为经济的佛事

①陈直：《西安出土泥佛像通考》，载《现代佛学》，1963（3）。
②谭蝉雪：《印沙·脱佛·脱塔》，载《敦煌研究》，1989（1）。

活动，即“印沙佛会”。每年正月斋日，社众携带香花、佛食和印沙模具，在河边沙滩上，用塔模、佛模将佛像、佛塔印于沙上。印沙时，只需把模子往沙上一捺即可完成。当然要按一定的仪轨进行：口诵真言，右手印沙，左手持念珠记数。小泥佛印沙，可以“印如来之妙相”；小泥塔印沙，可以使“九横（九种灾难）离身”。这种“印沙佛会”，上自官员，下至黎民百姓，男女老少均可参加，是一项群众性的佛事活动。

小泥佛、小泥塔在我国的制作时间要早于文献记载。在现实生活中，底层劳苦信众僧尼，大多文化水平很低，不识字，即使识字，也很难看到相关文献。人们制作小泥佛的活动，并不是来自文献记载，而是随着佛教的东传将印度的这一习俗带到中国后开始的。据资料考证，近人黄浚（字伯川）《尊古斋陶佛留真》一书，著录三品：北魏孝昌元年（525 年）一品，为方形坐龛式小泥佛；西魏大统八年（542 年）一品，为扈郑兴所造龛式三佛并坐小泥佛；隋仁寿二年（602 年）一品，为竖长方形小泥佛，背范文字三行，文曰“仁寿二年，兴福寺造，少陵园下，眇行者一”十六字。1953 年，咸阳底张湾北周独孤罗墓出土小泥佛一件。上述小泥佛都有年代，有的还有出土地点，而隋仁寿品铭文更是难得，它说明小泥佛是寺院僧人所造，为探索这一问题提供了重要资料。到了唐代，随着国家的安定和佛教的繁荣，制作之风更盛。不仅模制各种造型精美的小泥佛，还开始模制圆锥体小泥塔。小泥佛多出土在西安慈恩寺一带，清道光以来，在大雁塔下，僧人耕地往往得之。清代著名金石学家刘燕庭就在大雁塔下拾得 10 余种。除西安市外，20 世纪初以来，在甘肃省敦煌、新疆维吾尔自治区和田、云南省大理等地都有小泥佛、小泥塔出土。①

到西夏和元代，一反唐代以小泥佛为主的风格，以小泥塔为主，小泥佛则相对较少。20 世纪 60 年代以来，甘肃省敦煌、武威，内蒙古自治区黑城，宁夏回族自治区贺兰、青铜峡等地发现并出土大量的小泥塔。少者数枚、数十枚，多者数千枚、数万枚。1991 年贺兰山拜寺沟方塔废墟，出土小泥塔 5000 多枚、小泥佛 1000 多枚；1999 年，贺兰山拜寺口村东的紫圪墓，出土小泥塔 2000 多枚；1995 年，敦煌莫高窟出土小泥佛 5 万枚、小泥塔 2 万枚。在宁夏回族自治区中卫市还出土了西夏铜质小泥模具。这些地区多为受藏传佛教影响的地方，其小

---

①牛达生：《汉地小泥佛、小泥塔名称考——兼论“擦擦名称”》，载《寻根》，2008（1）。

泥佛、小泥塔形制也多受藏传佛教的影响，有的地方还出土了藏传佛教的空行母和大威德金刚。这一时期，中原地区制作小泥佛、小泥塔之风似乎有所减弱，在考古中很少发现，但在西部地区大行其道，盛行不衰。①

在上述文献中，没有发现“擦擦”一词的使用。这可能是因为佛教从印度通过中亚诸国、我国新疆和河西走廊传入中原地区，而藏传佛教传入中原地区的时间大约在13世纪以后。随着藏传佛教中原地区的传播，藏式擦擦又传入杭州、北京等地。汉地及以往书面语称之为“模制泥佛像”或“脱模泥像”等。单从文献上看，小泥佛、小泥塔称谓的出现始于唐初，而“擦擦”称谓的出现则始于元朝。

二、“擦擦”一词之来源

“擦擦”是藏传佛教信教群众对小泥佛、小泥塔的称呼。关于“擦擦”一词的释义目前主要有三种：第一种说法源自梵语，意为复制；第二种说法源于制作擦擦时发出的声音；第三种说法源于藏语的“萨”或“洽”，“萨”或“洽”在藏语中意为泥土，泥土是制作“擦擦”的主要材料。

据著名意大利藏学家G.杜齐先生说，“擦擦”（tsha-tsha）是藏语音译，源自梵文sa-chaya，意为“真相”或“复制”。《佛学大词典》对“擦擦”解释如下：“擦擦”，小浮屠，即泥作之小塔。置于海滨，以镇海之灾患。

从引文看，“擦擦”仅指小泥塔，似乎与佛无关。查骞《边藏风土记》也有相关记载：“夷人（藏族人）身旁，各系小泥佛，或范金，或糌粑捏之，云可护身，刀枪不入，大喇嘛赐之，不易得也。又多小塔，名擦擦，亦长系身。”②也就是说，早期“擦擦”的本意是专指泥制小塔，而压印的小泥佛并不称为“擦擦”。

“擦擦”作为专用名词最早见于汉文史籍（《元史·释老传》第八十九）：“又有作擦擦者，以泥作小浮屠也。又有作答儿刚者。其作答儿刚者，或一所二所以至七所；作擦擦者，或十万二十万以至三十万。”其中的“擦擦”是从当时的藏语直接音译过来的。元代文献中的“浮屠”既可以指塔，也可以指佛像，从目前发现的元代藏传佛教“擦擦”来看，以小塔为多。所记“答儿刚”

①牛达生：《汉地小泥佛、小泥塔名称考——兼论“擦擦名称”》，载《寻根》，2008（1）。
②多杰才旦：《边藏风土记》，北京，中国藏学出版社，1987。

现译为“擦康”，是指一种专门放置擦擦的小型建筑。实际上，对于这一类泥佛、泥塔早在唐代就自有专用名称，在敦煌卷子中称之为“脱佛”“脱塔”，唐长安寺院遗址出土的泥佛则自铭“善业泥”。为了与汉地的模制泥佛、泥塔有所区别，对于藏传佛教中的同类作品，采用约定俗成的藏语音译名称“擦擦”。[①]

第二节　擦擦的起源及发展历史

一、擦擦的起源

擦擦的起源与佛塔有密切的关联，这不仅是因为佛教历史上最早的崇拜物是寓意佛陀的塔形，还在于在造像擦擦出现之前，塔形擦擦已经历了一段时期的发展。缘起法颂文字是塔仪轨的教法心髓，所以在擦擦的内容扩展到造像形式之前，有段时期仅有塔形和法颂文字两种形式的擦擦。吐蕃时代从公元7—9世纪，经历了塔形擦擦、文字铭文擦擦和造像擦擦并存的过渡期，这种并存的状态是西藏先民早期的擦擦传统。这种状况延续到吐蕃赞普朗达玛灭佛事件。

模制泥佛塔（像）这种造型艺术最早源于印度北部佛教初兴之地，约在南北朝前后随佛教一起传入中原地区。从目前已出土的这类佛塔（像）可知，唐代把它称为“善业佛”或“善业泥”。模制泥佛像何时传入我国西藏地区还无确切定论，但据《青史》记载，早在公元4世纪的拉托托日年赞时代，印度僧人班智达洛森措等就曾随经书一起带来一金一泥两个佛塔，其中的泥质佛塔有可能是西藏最早的擦擦。

义净《大唐西域求法高僧传》载：“归东印度，到三摩明呾国，国王名曷罗社跋乇（tuō）……每于日日造拓（脱）模泥像十万躯。”并说：“西方法俗，莫不以此为业。”[②]义净《南海寄归内法传》：西国诸寺“造泥支底（支提，塔也）及拓（脱）模泥像，或印绢纸，随处供养；或积为聚以砖裹之，即成佛塔；或置空野，任其消散”[③]，可见当时印度制作擦擦风气的盛行，这类脱佛在印度那烂陀寺院遗址、尼泊尔南部的蓝毗尼寺院遗址都曾有出土。

二、擦擦的发展历史

①张建林：《中国美术分类全集：中国藏传佛教雕塑全集第四卷》，北京，北京美术摄影出版社，2002。
②义净：《大唐西域求法高僧传》，北京，中华书局，1988。
③华涛：《南海寄归内法传》，北京，东方出版社，2018。

在佛教向中原、我国西藏传播的过程中，制作擦擦的习俗亦随之传入。传入汉地的路线较为清晰，首先是从印度传往中亚及西域，经河西再进入中原。中亚的乌兹别克斯坦、我国新疆的和田等地曾出土过5世纪前后的模制小佛像，西安附近出土有北朝、隋代的模制造像，南京也出土过南朝的模制造像。到唐朝，模制造像更为盛行，寺僧、信教群众都做泥塔（像）以作供养，当时多称之为“脱塔”“脱佛”“善业泥”。敦煌晚唐卷子《印沙佛文》中记载了模制佛模像的制作盛况。

从目前留存下来的擦擦看，多是藏传佛教后弘期以后的。从考古发掘资料来看，藏传佛教前弘期（7—9世纪）已出现擦擦，并且已经呈现出比较成熟的宗教功能。根据新近翻译出来的敦煌出土吐蕃时期文献中关于擦擦制作仪轨的描述，如唐德宗贞元二十年（804年）译的《造塔延命功德经》专门讲述了制作塔形擦擦的12个步骤及所念诵的真言，说明这一时期已具备比较完善的宗教体系和制作擦擦的技艺。目前有年代可以认定为前弘期出土擦擦的遗址有3处，分别为青海乌兰县大南湾遗址①、青海都兰县热水古墓群、新疆和田地区策勒县达玛沟托普鲁克墩2号佛寺遗址，该遗址年代为公元7—8世纪②。9世纪后半期，随着吐蕃赞普朗达玛遇刺身亡，强盛一时的吐蕃王朝土崩瓦解，青藏高原进入长达数百年的“分裂割据时期”。吐蕃赞普后裔的一支吉德尼玛衮率众逃到阿里，后将其3个儿子分封3个小王国，地处喜马拉雅山和冈底斯山之间的古格王国便是其中之一。公元10世纪末，古格王柯日出家为僧，取法名为拉喇嘛·益希沃，他在王室的支持下创建托林寺，古格高僧仁钦桑布在托林寺翻译佛经，广收门徒。1042年，印度摩揭陀国超岩寺上座高僧阿底峡应邀来到托林寺，进一步推动了佛教的复兴，使古格王国成为西藏佛教后弘期“上路弘法”的根据地。同时印度北部及克什米尔的佛教艺术风格也传入西藏西部。后弘初期，西藏有两个地方制作的擦擦十分有特点：一是阿里的古格，其擦擦造像带有明显的克什米尔及东印度波罗造像风格，在泥质选用上基本为本地一种灰白色泥土，古格擦擦较为明显的特征是周边不加修饰，凸起多余的泥沿，一任自然，古朴天真，造像无论站姿或坐姿都随意舒展、高贵大方，各类金刚护法造像尚未完全定型，

①青海文物考古研究所：《青海乌兰县大南湾遗址试掘简报》，载《考古》，2002（12）。
②中国社会科学院考古研究所新疆工作队：《新疆和田地区策勒县达玛沟佛寺遗址发掘报告》，载《考古学报》，2007（4）。

同一种造像往往有数种变体，无不显示生动强劲威猛的动态；二是西藏拉萨周边地区如墨竹工卡县的甲玛沟，其擦擦多烧结成陶，在总体上比阿里的擦擦体量偏大，也受东印度波罗造像影响，造像以噶当四尊即释迦佛、不动明王、度母、观音为多，有大量的塔形擦擦，有的塔形擦擦内装藏印有经咒的小陶板，形成独特的“子母擦擦”。

10—13 世纪，以古格地区为代表的西藏西部地区擦擦兴盛，多处寺院遗址出土的擦擦种类丰富，数量较大。除了大量塔形擦擦和真言文字擦擦以外，造像类擦擦以极高的艺术水平和精湛的制作技艺成为后弘初期藏地文化的骄傲。14 世纪以后，西藏社会相对稳定，使西藏擦擦在本土化方面有了长足的发展。诸如清代工布查布译述的《造像量度经续补》等各种度量经的出现使擦擦的造像风格由后弘初期的舒放转向规整，但在制作工艺上更为出色。这一时期不但问世了众多堪称精美的擦擦，还产生了多种擦擦供养方式。有的将擦擦镶嵌于寺院殿堂内壁之上，或摆放于佛龛供养。还有一些寺院将擦擦印在瓦当上，作为寺院建筑佛塔的构件，以便信教群众朝拜。据说这种瓦当在布顿大师为他去世的母亲所修建的佛塔四周可以看到。

已故著名藏学家东嘎·洛桑赤列认为，擦擦主要是指小泥塔（塔擦），其次才是佛、菩萨等小泥像（佛像擦）。[①]在我国西藏、川西北地区、甘肃甘南、青海、内蒙古和云南等藏传佛教传播区域内均有塔擦的遗存，这些塔擦虽因地域不同而风格多变，但都恪守坛城仪轨，塔擦的制作年代也明显比佛像擦擦久远。可以认为擦擦几乎与其他佛教艺术品一样，延伸出一条塔先于佛、塔佛并重、佛重于塔，最后形成诸佛、菩萨庞大圣像体系的发展规律。

收藏家刘栋在其著作《擦擦——藏传佛教模制泥佛像》（天津人民美术出版社，2010）中将擦擦的历史年代分为四期。一期为 7—9 世纪，为擦擦的发祥期，即藏族史上的吐蕃时期，亦即藏传佛教的前弘期。这一时期因朗达玛灭佛留存的擦擦极少，加之泥质擦擦容易损坏，难以传世，几无遗存。二期为公元 10 世纪后半期至 13 世纪，即藏传佛教后弘期初期，可认为是擦擦的过渡期。这一时期的擦擦多以兼收并蓄外来佛造像风格为其特征，造型风格受西北印度斯瓦特、东北印度帕拉、克什米尔、吉尔吉特的影响，有些擦擦不同程度地受到尼泊尔

① 《完成夙愿的圣物 擦擦—— 雕塑艺术》，http://www.9m4.cn/minzuwenhua/88/6205.html，访问日期：2022 年 5 月。

和中原汉地艺术的深刻影响。这一时期的擦擦所表现的内容多强调佛、菩萨的神态、动作和“三依处”，在擦擦的外在形式上多以简单的方、圆等几何形和直绕见长。在一期和二期之间因朗达玛灭佛约有一百四十年的无擦擦时期。三期为公元14—17世纪，是擦擦的成熟期。由于长期对印度、尼泊尔等艺术风格的吸收，工艺技巧的提高，此阶段前期的擦擦已臻于成熟。成熟的藏传擦擦又向国内各地广为传播，并逐渐出现了川藏、青藏、甘藏、蒙、滇等略有差异但各有地域风格的擦擦。13世纪下半叶，元朝统治者尊萨迦派五祖八思巴·洛追坚赞为帝师，总领佛教，朝廷专设梵像提举司，总管造像之工。1260年，在八思巴的建议下，元廷迎请年仅十八九岁的尼泊尔艺术家阿尼哥，率24位艺师主司宫中绘塑梵像之事，凡两京（大都、上都）寺观之像多出其手。阿尼哥及其子阿僧哥在京师造佛像数十年，不仅所塑佛像数量可观，还培养出刘元等“神思妙合，天下称之”的汉人塑梵像的高足。元朝覆灭后，明皇帝推崇藏传佛教，明宫中崇尚的藏传佛教之风，极大地影响到中原地区。明永乐、宣德时期（1404—1435年），崇尚藏传佛教之风达鼎盛。明代立体藏式泥佛像即圆雕擦擦是藏传佛教艺术在中原传播，并融合汉地塑佛技法的代表作。这一时期属于藏汉艺术相互借鉴、吸收、兼容时期。四期为17世纪中叶以后，是藏传佛教艺术发展的后期，也是擦擦艺术发展的一个高点。这一时期清廷以维系蒙藏地区的臣服、保证西北与西南边陲安全为基本国策，利用藏传佛教在蒙藏地区的影响力，加强朝廷与蒙藏地区的联系，清宫中正殿设念经处，专管宫中藏传佛教事务，办造佛像。乾隆帝对藏传佛教兴趣更浓，曾颁“皇上崇奉佛教，泽惠万民……”之命，迎请六世班禅进京传法弘佛，极大地促进了藏传佛教和其造像艺术的发展。

三、云南擦擦的发展历史[①]

云南擦擦的出现及发展根植于云南佛教文化，并与苯教和藏传佛教的传入发展紧密相连。

（一）佛教传入云南的通道及传入的三大神祇

云南佛教包含三个组成部分，一为流行于洱海、滇池地区的云南密教（古称“阿吒力教”）和大乘佛教，二为流行于滇西北地区的藏传佛教，三为流行于滇西及滇西南地区的上座部佛教（南传佛教）。其中云南密教和藏传佛教皆

①本段记述参考王海涛：《云南佛教史》，昆明，云南美术出版社，2001；杨学政：《迪庆藏族自治州宗教志》，北京，中国藏学出版社，1994。

源于天竺，二者之间有着宗教上的血缘关系。

佛教传入云南有三条通道。一是天竺道，由古印度经缅甸入滇。这条通道早期传入大乘佛教，晚期传入上部座佛教。这条通道年代最早，时间最长，对云南佛教的影响最大。因印度古称“天竺”“身毒”，史书就把这条古道称作“天竺道”“身毒道”。这条古道早在周秦之时就已成为中印两大文明古国沟通的古道，西汉的张骞第一个指出它的存在，并以蜀（成都）作为其起点，将经云南到印度的这条古道称作“蜀身毒道”，它在唐宋时期依然畅通，元初因战争，通道空前繁荣，明初朝廷与缅甸阿瓦王朝关系更为密切，通道上往来不绝，后来随着郑和七下西洋，海上交通繁荣，由缅甸入印度的通道渐趋废弃，“蜀身毒道”完成其历史使命。中印两大古国文明自西汉起就在这条古道上交往、交流、融合，特别是佛教，也随着商贩的驼铃来到云南，深入四川，在古道沿线留下许多石刻造像。二是滇藏通道，也称“吐蕃道”。佛教从滇藏通道传入云南有两条线，一为7世纪中叶佛教由印度翻越克什米尔经于阗（和阗，位于今新疆塔里木盆地南部）进西藏，由西藏传入云南，二为从尼泊尔入藏，再入云南。特别是747年，莲花生大师从尼泊尔进藏，建桑耶寺，为西藏正式剃度第一批僧人（共7人）。莲花生大师的进藏，不仅证明古道的畅通，更重要的是把藏传佛教传入西藏。滇藏通道自古有之，主要通过姜域（今丽江地区）进入云南。《大唐新语》最早记录了这条通道，史籍上的滇藏通道大都与战争相联系，或为唐朝和南诏联合打吐蕃，或为吐蕃和南诏联合打唐朝。滇藏通道的官道于8世纪后期随吐蕃势力的衰败而关闭，滇藏民间通道逐渐恢复。及至宋代，因北方战事不断，马匹紧缺，为解决战争和生产对马匹的需求，根据地缘关系，宋王朝在西南地区不断增设马市，用大量的茶叶来换取藩马，渐渐形成了有组织的市场，“茶马互市”的规模日益扩大。清康熙二十七年（1688年），朝廷批准在中甸建立互市。由于有了朝廷的认可和优惠政策，从此滇藏通道上的茶马贸易得到迅速发展。因茶叶用马帮由古道进藏，因此滇藏通道又称为“茶

德钦县霞若清代崖壁画大黑天神

马古道”。滇藏古道不仅是贸易路线，还促进了沿线各民族的文化交流与融合，加强了民族之间的联系与团结。特别是在抗日战争时期，大批军需物资从茶马古道源源不断地运往抗日后方，为我国的解放事业立下了汗马功劳。三是来自中原地区的通道，由中原地区经蜀道、黔道和交趾道将佛教传入云南。

随着佛教的传入，天竺国的许多神祇也从天竺道来到云南。在众多的神祇中，大黑天神、观音、毗沙门（北方多闻天王）是信仰最广泛、地位最显赫的三尊大神，是滇密众神的核心。大黑天神，梵名“摩诃迦罗”。由于语言差别，在经籍中也译作“玛哈噶拉”，藏传佛教中称为“衮布多尔”。在云南大乘佛教流传地区，大黑天神通称为“本主”（白族）、“土主”（彝族）、“大灵”。据清道光《云南通志》记载，当时云南县级以上大黑天神的土主庙有 70 余座。1982 年昆明市文物普查中，在市属的 8 个县区里发现有 130 座土主庙祀奉大黑天神。从天竺道传来的大黑天神由于能入乡随俗，受任土主而大受香火，成为云南密教史上仅次于观音的大神。

观音从滇藏古道传入云南，后来成为云南密教的第一大神。藏传佛教信众认为，观音菩萨是雪域的保护神，尊称其为“康日贡布”，意为雪域怙主或雪域保护神。据西藏民间传说和《西藏王统记》等史籍记载，在拉托托日年赞在位时“天降四宝”，即从山南雍布拉康（西藏历史上第一座宫殿）上空降下水晶宝塔、《宝箧经》《诸佛菩萨名称经》、“六字真言”等四件圣物。其中六字真言“嗡（唵）嘛呢叭咪吽”为观世音心咒。观音在吐蕃受到最广泛、最尊敬的崇拜。南诏时观音寺很多，在世隆时代（860—877 年），南诏大寺八百，小寺三千，遍布云南全境①，大部分寺内供奉有观音。

从滇藏通道进入云南的另一位大神为毗沙门，后来成为滇密的重要大神。毗沙门又称为“北方多闻天王”，为北方的守护神。传说毗沙门从印度经克什米尔到于阗，以枪刺湖，泄水建城，成为于阗国的保护神。随着密教往南传播，毗沙门通过滇藏通道传入洱海和滇池地区，并受到尊崇。

汉晋时期传入云南的佛教还没有充分吸收、融合滇中的原始宗教，它在内容和形式上还没有形成标志性的特点，也没有赢得当权者和广大民众的认可。云南佛教的形成时期应在7世纪中至8世纪初期，即南诏前四主执政时期。738年，南诏王皮罗阁正式被中央王朝册封为“云南王”，这是南诏从此作为云南地方

①王海涛：《云南佛教史》，昆明，云南美术出版社，2001。

政权的重要标志，也是南诏佛教从此扩大为云南佛教的开始。①

云南佛教的形成和发展过程，其实是对原始宗教的吸收和融化过程。纵观云南的原始宗教，经历了三个发展阶段，原始社会的图腾崇拜，代表物有虎、蛇等；奴隶社会的祖先崇拜，代表神是土主、本主；封建社会的天神崇拜，代表神是佛教的观音和大黑天神。而贯穿这三个阶段的一条伏线则是巫术。近年来，随着考古事业的发展，许多有关巫术的实证被发现，大量巫术活动场景在云南新石器时代的岩画中被发现。其中最有代表性的是云南沧源岩画图符中被命名为“群舞图”“圆舞图”“太阳神巫祝图”，其画面都是典型的群体巫术活动的写真。到了青铜时代，各地出土文物上的巫术和祭祀场景已屡见不鲜。

云南省地处横断山区，南诏时期，它的地域还包括今天的我国四川西昌、缅甸东部、老挝和越南北部、我国贵州省西南部等广大地区，它的西部直接与印度相连。云南省周边的各省、各国都推崇佛教，同时云南境内民族杂居，民间信仰盛行。最重要的是云南古代没有发生过“法难”。相反，它接纳并保护那些从历代“法难”中逃出的僧人，帮助他们在云南红土地上继续传宗立派，弘扬佛法。因此，云南独特的地理环境、民族特点和历史条件使云南佛教在世界佛教史上发挥了重要的影响。

（二）云南藏传佛教发展进程

13 世纪，安定统一的环境和元朝廷对藏传佛教的精神依托，使藏传佛教及其艺术得以在内地广泛传播，明清时期因朝廷的推崇，传播速度更为迅速，传播地区更为广泛。至今聚居在西藏自治区，青海省海北、黄南、海南、果洛、玉树、海西，甘肃省甘南，四川省阿坝、甘孜，云南省迪庆等十个自治州，以及甘肃省天祝、四川省木里两个藏族自治县的藏族群众仍大多数信奉藏传佛教。蒙古族、门巴族、土族、裕固族等少数民族中信奉藏传佛教者众多，生活在滇西北的纳西族、普米族等少数民族中也有信奉者。

藏传佛教是云南佛教信仰系统的三大支流之一，它源于印度，8 世纪形成于西藏。9 世纪中叶，赞普朗达玛兴苯抑佛，藏传佛教的传播和发展进入低俗。10 世纪后期又在西藏复兴，为藏传佛教的后弘期，也是藏传佛教各教派形成期。在云南主要流行于滇西北的迪庆地区，丽江的藏族、纳西族、普米族聚居区。从历史上看，藏族、纳西族、普米族等的先民都是活跃在滇川藏高原上的古羌人，

①王海涛：《云南佛教史》，昆明，云南美术出版社，2001。

他们有相似的文化基因，以至于在价值观念、思维方式、风俗习惯等诸多方面存在许多共同点。

云南藏传佛教的形成与发展，与西藏本土佛教息息相关。但西藏地区自唐至清，多有法难，佛教屡受其害（这部分史实，早期无记载，但从民间传说和口碑资料中能观其一二）。而云南境内相对稳定，并在西藏灭佛期间成为南逃僧人的避风港。

10世纪后期，随着藏族封建农奴制社会的建立，新兴的封建农奴主控制了当地的佛教势力，在各封建势力相互争夺权力的过程中，不同领主掌握下的佛教团体之间出现门户之争。同时各地藏传佛教高僧对佛教的中心提出不同的见解，在教义及“见”“修”“行”等问题上出现的不同认识更促进了分歧，大约从11世纪开始，藏传佛教出现分派，到15世纪的四百多年间，产生了二十多个教派和支教派，其中以宁玛、萨迦、噶举、格鲁四大教派势力最大，各盛一时。这些教派在云南各有领属，在历史上都产生过或大或小的影响。

藏传佛教传入云南藏族、纳西族和普米族聚居区大致经历了四个较大的传播阶段：第一阶段为吐蕃时期，前弘期佛教及苯教随着吐蕃与南诏政治、军事、经济的交往而传入。苯教的传入在噶玛降村所著的《藏族万年大事记》（民族出版社，2005）中有所记载：7—8世纪，象雄王朝势力进入滇西北地区，苯教亦随之传入滇西北今藏族居住地区。第二阶段为宋元时期，特别是在元朝。1253年，蒙古大汗蒙哥命其弟忽必烈统率10万大军南下，“乘革囊及筏”，渡过金沙江，进入滇西北，攻占大理国，于是留下“元跨革囊”的历史典故。1271年，忽必烈建立元朝，随后设立“云南行省”，选派中书省（宰相府）最“忠爱”国家的回回人赛典赤，到云南行省任平章政事。云南于是成为全国11个行

晋宁观音山及观音洞（李钢 供图）

观音洞壁画——13世纪，大成就者毗瓦巴（李钢 供图）

省之一，治所也从大理迁至昆明。从此，昆明便成为云南的省会，“云南”也正式作为省一级的行政区划名称出现在历史上。随着元统一大理国，管理整个云南地区，藏传佛教萨迦派在云南滇西北及滇池地区得以广泛流传，并在云南藏族、纳西族和普米族聚居区发展。第三阶段为明时期，随着丽江纳西族木氏土司与噶举派的密切联系，噶举派在丽江地区盛行。第四阶段为清时期，由于和硕特部及五世达赖喇嘛对迪庆的经营以及清朝皇室扶持格鲁派以安蒙古的政策等原因，使格鲁派在滇川边境的藏族、纳西族和普米族聚居区盛行，并传承到现在。

德钦县羊拉乡甲功村白玛珠普明代崖壁画，莲花生大师眷属三尊

有关云南擦擦发展历史的文字在文献史籍中笔者尚未发现记载。本部分通过整理云南滇西北地区藏传佛教流传区

德钦县羊拉乡玖农拉康（经堂）清代壁画（项目调查组 拍摄）

丽江市永胜县片角镇牟尼山吉祥塔基出土释迦牟尼佛（永胜县边屯文化博物馆 供图）

域的考古和田野调查资料，以梳理云南擦擦的发展历史。

1979 年因开挖水渠，在丽江市永胜县片角镇卜甲村牟尼山吉祥塔基（塔早年已倒）出土了一批元至明清的青铜佛像和一尊泥佛像，这批佛像现存于丽江永胜边屯文化博物馆。片角镇古时是茶马要道，牟尼山与宾川鸡足山相连。圣祥塔修建时间不详，据民间口碑资料，约在明初，清初又修缮。这批青铜佛像中有一尊明王像，三面八臂，铜质泥金，发呈火焰状，额饰释迦牟尼佛像，赤身，跣足，站立。蛇缠身，腰系短裙，右一手高举金刚杵，其余手所持物均缺。尤为珍贵的是，造像背面刻有“至元二年吉日造”字样。元跨革囊横跨丽江境内，包括今永胜金江古渡、米汤地一带。这一时期，随着蒙古势力的南下，藏传佛教萨迦派在云南滇西北及滇池地区得以广泛流传。泥佛像为释迦牟尼佛，泥金，陶质，但火候不高。通高 9.5 厘米，宽 7 厘米，厚 5.2 厘米。经专家鉴定，这尊释迦牟尼佛泥佛像年代为清早期。

1978—1983 年，修复大理崇圣寺三塔时有零星的泥佛像被发现。近几年在大理的土主庙里也零星发现泥佛像，只是当时人们对它的关注度低，又难以保存而被忽略。

大理灵山寺泥佛像，左为细节图（大理白族自治州文物管理所 供图）

2019 年在大理灵山寺里发现了一批泥佛像，经专家鉴定，其年代为元朝。灵山寺位于苍山兰峰之麓，银桥镇北阳村西北，距大理古城约 5 千米。相传始建于唐代，寺庙以灵山寺为主寺，另有普光寺、慈宁寺、太文庵及太文塔等构成一庙宇群落。2002 年灵山寺主持净戒师父在重建灵山寺三圣宝殿挖基础时，在地表下约 0.3 ∽ 1 米的范

大理五指山遗址出土泥佛像（陈树珍 供图）

围内，发现近千件模印泥质佛像，部分出土佛像保存完好，当时由于判断不出这批佛像的时代和价值，没有引起大家重视，大部分泥质佛像在大殿塑佛像时被捣碎后掺入塑佛像泥中使用，只留下一小部分，放在寺庙的角落里。2019 年 3 月，灵山寺净戒师父将这批泥佛像捐献给大理白族自治州文物管理所。经初步整理，这批佛像为黄泥模印，数量近 300 件，内容为一佛二胁士、自在观音等，其材质、题材等和西藏流传到现在的擦擦基本一致。经专家鉴定，这批泥佛像的时代为 11—13 世纪。

2020 年由云南省文物考古研究所主持发掘的大理五指山遗址北距太和城仅 600 米。太和城是南诏统一洱海区域后建立的第一座都城（739—779 年），是南诏早期的政治、经济、文化中心。五指山遗址不仅发现有南诏早期的塔基、高低错台及移柱造的建筑，同时发现有佛像、经幢、善业泥印模、塔模、香炉及拍印“卐”“寺”字的有字瓦等佛教遗物。从建筑结构及出土遗物来看，五指山遗址是南诏都城太和城的重要寺庙功能区。大理五指山遗址出土的“擦擦”印模和擦擦证明了这一时期吐蕃大力兴佛，藏传佛教紧随吐蕃政权的扩张而得以传播。

20 世纪 90 年代初期，在丽江文峰寺周围的石堆中还能见到 5 厘米左右的泥佛像。丽江文峰寺位于丽江坝子西南端的文笔峰下，始建于清雍正十一年（1733 年），藏名“桑纳迦卓林”。文峰寺是滇西北噶举派的最高学府。寺南山中有一灵洞，为佛教传说中的南赡部州 24 个灵洞之首，灵洞侧边有一大黑石，相传迦叶尊者曾在此讲经弘法，在去其道场鸡足山之前，曾把华首门钥匙留于此石内，因此凡是到鸡足山朝佛的青海、西藏、四川、云南等地香客都要到这里“借钥匙”，回来时要在黑石下放一粒小石子表示“还钥匙”。

怒江普化寺大殿内目前供奉有泥佛像。普化寺位于怒江傈僳族自治州贡山县丙中洛甲生村东风自然组，是怒江州境内唯一的一座藏传佛教噶举派寺院，属于云南噶举十三寺之一。普化寺始建于清道光五年（1825 年），前身是建于

普化寺大殿（怒江傈僳族自治州文物管理所 供图）

普化寺大殿壁画（怒江傈僳族自治州文物管理所 供图）

清乾隆三十一年（1766 年）的菖蒲桶飞来寺，根据《新纂云南通志》记载：“飞来寺在城（维西）西澜沧江处菖蒲桶。”由于菖蒲桶飞来寺地基潮湿，清道光五年（1825 年），兰雀活佛在丙中洛现在的东风自然村内重新选择地基修建寺院，更名为“普化寺”。

丽江宁蒗县永宁摩梭人信奉原始宗教和藏传佛教格鲁派和萨迦派。摩梭人有在其经堂和祖母屋的屋檐下供奉擦擦的习俗，这种习俗延续至今。

五指山遗址中擦擦和擦擦印模的发现，证明早在公元 6 世纪的南诏时期作为王室圣物的擦擦已在滇西北地区出现。宋元时期的擦擦目前在云南境内没有发现，但丽江市永胜县片角镇卜甲村牟尼山吉祥塔基出土的释迦牟尼佛与元末的青铜佛像同在塔基下出土，说明这一时期的擦擦应是上层阶级作为圣物加以供奉的。至明清，随着佛教文化的繁荣，“擦擦”流出寺院，在民间广泛流传，成为藏传佛教信教群众消灾驱邪、赎罪还愿或祈求平安吉祥、家族兴旺等的佛教圣物。

达摩祖师洞

藏历火鼠年（1512 年），噶玛噶举黑帽八世活佛弥觉多杰应木定土司之邀，前往丽江与木定举行了具有历史意义的会面。木定当时答应：“自此十三年内不发兵西藏，每年选送 500 童子入藏为僧，

奔子栏佛塔殿壁画

且度地建百座寺庙。”木氏土司从清代康熙至道光的一百八十多年中，先后修建了噶举派寺院13座，分别为丽江福国寺、指云寺、文峰寺、玉峰寺、普济寺、兴化寺、灵照寺、达来寺，维西的兰经寺、达摩寺、来远寺、寿国寺，怒江贡山丙中洛普化寺，称为“噶举十三林”（寺）。同时九世噶玛巴在木氏土司的支持下在康区兴建寺庙，德钦冲冲措卡林（东竹林寺）、德钦林（德钦寺）、祖拉批杰林（红坡寺）、云仙寺等十几座噶举派寺院均建于此时。

康熙六年（1667年），蒙古和硕特部占据中甸，迪庆进入格鲁派噶丹颇章政权治下。后来噶举派在与格鲁派的斗争中失败，大多数噶举派寺院改宗为格鲁派寺院，格鲁派实现了在迪庆的宗教统治地位，修建了迪庆境内最大的格鲁派寺院“噶丹松赞林”。清中后期，迪庆境内现省级文物保护单位“奔子栏佛堂壁画”的三个佛堂、州级文物保护单位“羊拉佛堂壁画”的两个佛堂以及众多民间庙宇、祠堂都修建完成。可见这一时期佛教文化在迪庆民间极为盛行，作为佛教圣物之一的擦擦也在这一时期在民间广泛流传，出现了专门放置擦擦的“擦康”。时至今日，制作擦擦祈求平安吉祥的传统仍在迪庆藏族群众中盛行。

第二章 云南擦擦的分布现状及所属的历史年代

第一节 “云南擦擦分布区域及其社会文化功能”田野调查项目基本情况

一、调查区域概况

迪庆州位于滇、川、藏三省区交界的横断山脉三江并流自然奇观标志性腹心地带。地处青藏高原南延部分，是云南省海拔最高的地方。位于东经98° 20′—100° 19′ ，北纬 26° 52′—29° 16′。东与四川木里藏族自治县、云南丽江宁蒗彝族自治县接壤，南界云南玉龙纳西族自治县及怒江傈僳族自治州兰坪白族普米族自治县、福贡县，西与西藏自治区的左贡、察隅县及云南怒江傈僳族自治州贡山独龙族自治县毗邻，北与西藏自治区芒康县及四川省甘孜藏族自治州巴塘、得荣、乡城县交错接壤。全州行政区域总面积 23870 平方千米。东西最大宽度 168.56 千米，南北最大长度 260.77 千米。

迪庆地形似蝶状，地质构造复杂，地势北高南低，地貌形态以山地、古高原面和岭峰为主，境内地理为“三山夹两江”。“三山”为梅里雪山、云岭雪山、中甸雪山，自西向东依次排列，“两江”为中间奔腾的澜沧江和金沙江。州内最高海拔为梅里雪山卡瓦格博峰，6740 米；最

德钦县佛山乡江坡村

低海拔为维西傈僳族自治县碧玉河入澜沧江口处，1486米。迪庆全境由于受地势、地貌及气候因素的影响，形成垂直分布的三种生态环境，即高寒地区，海拔在2800—6740米；山区，海拔在2200—2800米；河谷地区，海拔在1486—2200米。

迪庆州境内有26个民族，且都有各自的民族语言，其中有民族文字有4种（藏族的拼音文字，纳西族的象形文字，傈僳族的老傈僳文、傈僳音节文字和新傈僳文、彝文）。迪庆是多民族聚居、多宗教并存、多样性文化共存的地区，境内有藏传佛教、东巴教、基督教、天主教、伊斯兰教、毕摩教等多种信仰流传。各民族和睦相处，多宗教有序共存。

迪庆因海拔高差的不同，有高原坝区、高寒山区、半山区、河谷坝区，同时还有许多小块的台地和盆地及大片的草场，适宜农耕和放牧。各区之间不仅气候、植被、生物呈立体分布，生物资源极为丰富，为人类的生存奠定了基础，而且形成了民族分布的立体格局，“十里不同天，一山不同族”是迪庆各民族大杂居小聚居的普遍现象。迪庆各族先民们在不同的活动区域内，由于自然条件不同，获取生产资料和生活资料的方式不同，即使是同一个民族，因他们居住的地理环境的地域差异，生产生活方式也各有特色。这种对外对内的相对阻隔和一定地域相对独立的生存条件，是形成民族文化多样性的地理因素。

迪庆下辖香格里拉市、德钦县、维西傈僳族自治县（以下简称维西县）。在这块神奇美丽的土地上，截至2021年末，居住有38.75万人，其中户籍人口370957人。在户籍人口中，少数民族人口331117人，占总人口的89.26%。其中：藏族人口134478人，占总人口的36.25%；傈僳族人口112385人，占总人口的30.30%；纳西族人口46795人，占总人口的12.61%。千人以上的少数民族人口分别为彝族16637人，白族15211人，普米族2317人，苗族1534人，回族1116人。①

二、调查项目背景

在云南迪庆藏族民众生活的广大区域，擦擦常以成千上万之巨数，祭供于神山圣湖、寺院、佛塔经廊、玛尼石堆、崖洞树穴、桥头路口等神圣场所。项目调查前，与唐卡、佛像、壁画一样素有宗教本怀的擦擦，却很少被人研究与记录，尤其是对云南擦擦文化的研究目前很少，可以说还没有人涉及擦擦分布区域、制作技艺、种类形制及其社会文化功能的调查与研究。

① 2022年迪庆州统计局统计数据。

2017年喜迎迪庆建州60年庆典之际,迪庆州博物馆开设"中国擦擦艺术展",该展览展出各个时期的擦擦共616件（套），按年代的早晚，分发祥期（吐蕃时期7—9世纪）、过渡期（藏传佛教后弘初期10—12世纪）、交流融合期（藏传佛教后弘中期13—16世纪）、高峰期（17—19世纪）四个单元。作为常设展览，该展是目前全国唯一一个擦擦文化的专题展。展览从2019年9月开展以来，引起学者及观众的极大关注。

基于对展览进一步完善和研究的需要，同时为进一步了解云南擦擦的分布区域、保存现状、制作技艺、种类形制、制作仪轨以及擦擦的社会文化功能，迪庆州博物馆从2019年10月至2020年12月组织开展"云南擦擦分布区域及其社会文化功能"的田野调查项目。

三、调查项目组织形式

（一）调查范围和重点

调查范围为迪庆藏族的主要分布区域，香格里拉市的建塘镇、小中甸镇、格咱乡、东旺乡、洛吉乡、尼西乡、五境乡、上江乡（你嘎阁），维西傈僳族自治县的塔城镇、叶枝镇、康普乡、巴迪乡，德钦县的升平镇、拖顶乡、奔子栏镇、羊拉乡、云岭乡、佛山乡、燕门乡、霞若乡等乡镇。

调查重点为重要藏传佛教寺庙、迪庆境内茶马古道及古道沿线村落、梅里雪山内外转经路线及沿线村落。

（二）调查内容

调查擦擦的分布情况、制作仪轨、制作技艺及其种类和保存环境。主要对擦擦的保存状况与环境现状及其变化情况等进行调查、记录。

（三）调查队伍和方法

为了保证调查工作的质量，调查人员主要由州博物馆和三县的文物骨干组成，其中州博物馆5人参与调查的全过程，三县文化遗产保护所（文管所）各2人，参与本县的调查工作，29个乡（镇）文化干事主要参加其所在乡（镇）的调查工作，同时根据调查的需要，聘请地方史、藏学、佛学、考古、文物鉴定等方面的专家参与。

采用面上调查和重点调查相结合的方法，主要采取查阅地方史料典籍，个别走访了解当地民族文化的老人、寺庙高僧等方式，对各种线索进行实地考察核实，甄别其真伪，鉴定其价值。对擦擦供奉点进行勘察、测绘、拍照、记录，同时对擦擦个体进行分类、测量记录尺寸、拍照，并填写《擦擦调查登记表》。

表 2-1 云南擦擦调查人员名单

序号	调查区域	姓名	单位	备注
1	全州范围	陈树珍	迪庆州博物馆	馆长领队
2		余桂仙	迪庆州博物馆	
3		王庆媛	迪庆州博物馆	
4		唐黎静	迪庆州博物馆	
5		蔡桂林	迪庆州博物馆	
6		六　斤	迪庆州博物馆	
7	德钦县	此里农布	德钦县文物管理所	所长
8		当珍取初	德钦县文物管理所	
9		阿　扎	羊拉文化站	
10		白　玛	羊拉文化站	
11		钱顺琴	奔子栏文化站	
12		卓　玛	霞若文化站	
13		白　玛	拖顶文化站	
14	维西县	和琼辉	维西县文化遗产管理所	所长
15		邵涵瑶	维西县文化遗产管理所	
16		王建华	维西县巴迪文化站	
17	香格里拉市	马国伟	香格里拉市文化遗产管理所	所长
18		王国星	香格里拉市文化遗产管理所	
19		次拉姆	东旺文化站	

（四）调查时间和安排

调查时间为 2019 年 10 月至 2020 年 12 月，历时 15 个月，分 7 个阶段。

第一阶段：2019 年 10 月 23 日至 30 日，开展德钦县境内佛山乡、升平镇、云岭乡、燕门乡擦擦点的调查。

第二阶段：2019 年 12 月 3 日开始，开展德钦县羊拉乡、霞若乡、拖顶乡和奔子栏镇擦擦点的调查。

第三阶段：2020 年 4 月 13 日至 17 日，开展维西县巴迪乡、叶枝镇、康普乡、塔城镇擦擦点的调查。

第四阶段：2020 年 5 月 11 日至 13 日，开展香格里拉市五境乡和尼西乡擦擦点的调查。

第五阶段：2020 年 5 月 21 日至 27 日，开展格里拉市东旺乡、格咱乡、洛吉乡擦擦点的调查。

第六阶段：2020 年 7 月 14 日至 15 日，开展香格里拉市建塘镇、小中甸镇擦擦点的调查。

第七阶段：2020 年 11 月 18 日至 20 日，开展德钦县云岭乡雨崩村擦擦点的调查。

（五）调查成果

这次调查共走访 20 个乡镇，调查记录 136 个擦擦点，其中德钦县 78 个，香格里拉市 43 个，维西傈僳族自治县 15 个。调查记录神山圣迹 5 个，佛寺塔基 20 个，修行崖洞 4 个，集体擦康 74 个，私人擦康 3 个，洞穴 16 个，崖壁 6 个，家庭佛龛 2 个，组合 4 个，转经廊 2 个，家庭房檐 1 个。共计采集擦擦 74 件。同时走访了大理五指山遗址考古发掘工地和大理白族自治州文物管理所，获取了极其珍贵的第一手资料。

第二节 云南擦擦分布现状

一、擦擦分布现状

云南擦擦分布于滇西北藏传佛教流传区域，其分布区域与藏族的本土信仰和藏传佛教传播区域基本吻合。擦擦文化作为藏族信教群众的修行方式，以云南迪庆分布最为广泛、留存最多。

迪庆藏族聚居于德钦县大部分地区、香格里拉市高寒地区（建塘镇、小中甸镇、尼西乡、东旺乡、格咱乡、五境乡、洛吉乡的尼汝村等地）。维西县的藏族居住地区不同于德钦县和香格里拉市，在海拔 1900—2300 米的亚高山地带，与纳西族和傈僳族交错杂居（旧称“七腊区”，即塔城、巴迪一带）。中华人民共和国成立前迪庆藏族人口数不详。1933 年，全州藏族人口统计数为 80031 人，其中中甸县 33177 人，维西县 42628 人，德钦县 5226 人。

中华人民共和国成立后迪庆藏族人口增长较快。1953 年全州藏族人口 64611 人，占全州总人口的 40.72%；1964 年 64828 人，占总人口的 37.76%；1975 年 81052 人，占总人口的 33.91%；1982 年 91261 人，占总人口的 32.94%；1990 年 104859 人，占总人口的 33.28%；2000 年 117099，占总人口的 33.12%[①]；2021 年末 134478 人，占总人口的 36.2%；藏族人口在全州各民族人口数中占第一位。[②]

①云南省迪庆藏族自治州概况编写组：《云南迪庆藏族自治州概况》，北京，民族出版社，2007。
②统计数据由迪庆州统计局提供。

迪庆擦擦主要分布于德钦县、香格里拉市、维西县藏族生活的地区，以德钦县分布最广泛、数量最多、保存最好，香格里拉市次之，维西傈僳族自治县最少。

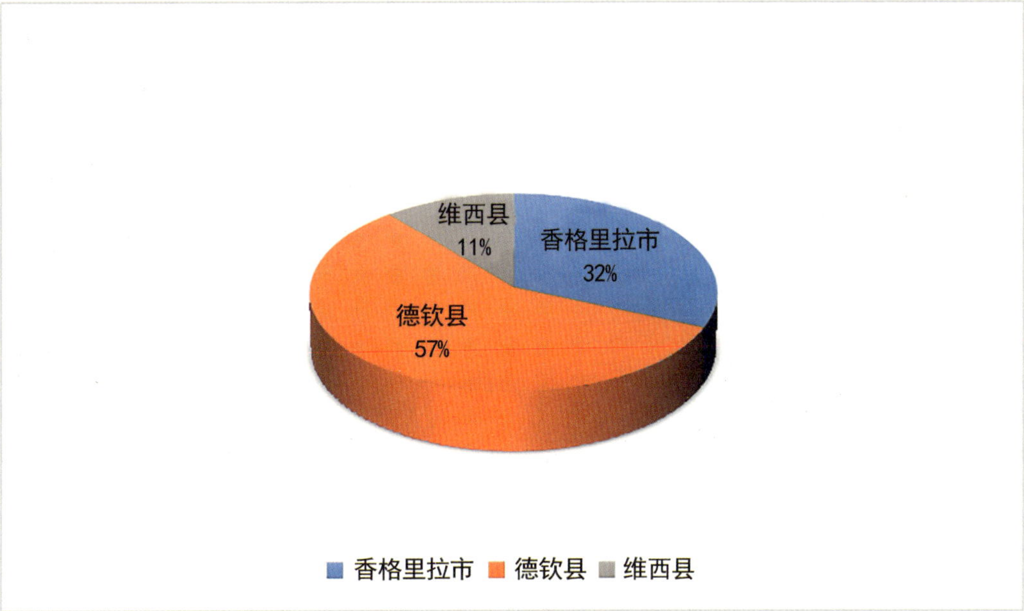

迪庆境内擦擦点分布情况比例图

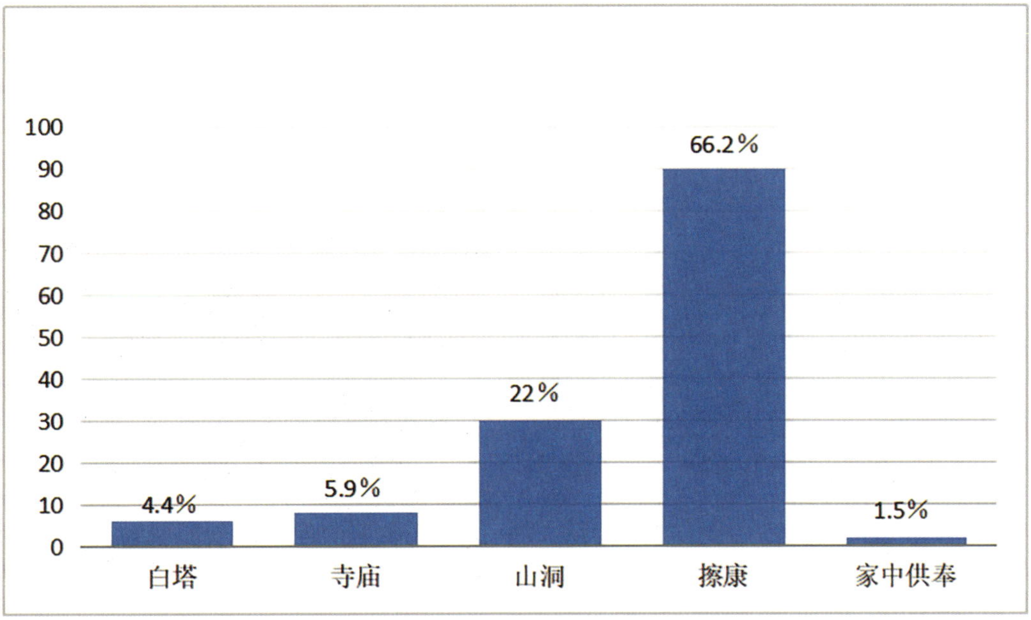

迪庆境内擦擦供奉地点比例图

调查德钦县升平镇阿东村此里金安修行洞
（2019 年 10 月 27 日）

调查维西县叶枝镇同乐村三零九 1 号擦擦点
（2020 年 4 月 15 日）

二、田野调查情况

擦擦调查工作分七个阶段开展。第一阶段调查德钦县澜沧江流域擦擦点，主要以茶马古道路线、寺庙、转经路线为重点区域开展调查，调查走访 8 个乡镇，7 座寺庙，5 个石刻点，调查记录 35 个擦擦点，通过调查，基本厘清了澜沧江流域擦擦的分布状况、教派仪轨与制作技艺及擦擦的社会文化及宗教功能；第

调查香格里拉市格咱乡浪都村义瓦擦擦点
（2020 年 5 月 25 日）

调查德钦县云岭乡雨崩村莲花生禅修洞擦擦点
（2020 年 11 月 18 日）

调查香格里拉市尼西乡新阳村灰批擦擦点（2020 年 5 月 13 日）

调查香格里拉市东旺乡昌娘 2 号点擦康（2020 年 5 月 23 日）

二阶段调查德钦县金沙江流域擦擦点，调查走访4个乡镇，10座寺庙，2个摩崖石刻点，11个文物保护单位，调查记录37个擦擦点；第三阶段调查维西县擦擦点，调查走访4个乡镇，4座寺庙，5个文物保护单位，调查记录15个擦擦点；第四阶段调查香格里拉市金沙江流域擦擦点，调查走访2个乡镇，2座寺庙，1个文物保护单位，调查记录15个擦擦点；第五阶段调查香格里拉市东旺乡、格咱乡、洛吉乡擦擦点，调查走访3个乡镇，7座寺庙，2个文物保护单位，调查记录17个擦擦点；第六阶段调查高原坝区擦擦点，调查走访2个镇，2座寺院，调查记录11个擦擦点；第七阶段调查德钦县雨崩神瀑周围擦擦点，调查记录3个擦擦点。

第三节 德钦县擦擦分布现状

一、德钦县概况

德钦县地处云南省西北部“三江并流”腹地，位于滇、川、藏三省区交界区域，是滇藏交通的咽喉重镇。县境国土面积7273平方千米，平均海拔4270米，为云南省海拔最高的县，素称“云岭之巅”。全县总人口54736人，其中藏族户籍人口50417人，占总人口的92.11%。[①]

德钦县城全景

境内纳古、永芝、石底等地的石棺墓葬的广泛发现和发掘，说明早在春秋战国时期，德钦境内已有人类居住。7世纪下半叶，吐蕃势力强盛，吐蕃军事经营的区域已接近吐蕃历史上称为“大蕃”时期的版图。唐武德四年（621年），唐朝在云南姚安设置姚州都督府，下辖羁縻

① 2022年迪庆州统计局统计数据。

十三州，在滇西北维西宗的“神州”就是其中之一。唐麟德到仪凤年间（664—679年），吐蕃以神州为基地，攻克了滇西北的广大地区。并在境内设立神川都督府，派驻“伦”一级的官员“收乌蛮于治下，白蛮供赋”①，称为神川都督。永隆元年（680年），吐蕃在迪庆境内的金沙江上架设铁桥，并在迪庆屯驻了两个千户，开展频繁的军事行动和民族迁徙。迪庆在成为吐蕃抗衡唐朝的军事要塞的同时，也成为疏通滇藏经济、贸易和文化的要道。这一时期随吐蕃兵传入迪庆的佛教为德钦地区擦擦的出现奠定了基础。

至元五年（1268年），藏传佛教噶举派噶玛巴二世噶玛拔希从元大都到康区传教，曾到卡瓦格博山闭关修行。噶玛巴三世噶玛让迥多吉更是朝拜了卡瓦格博山，写下“卡瓦格博圣地广志”，认定卡瓦格博神山是藏传佛教四大本尊之一胜乐金刚的坛城，罗列卡瓦格博地区（以德钦为主的卡瓦格博山周边地区）各处圣地圣迹，确定了卡瓦格博神山内外两条朝拜线路。从此，卡瓦格博山不仅成为噶举派圣地，也成为藏传佛教圣地，每年朝圣者络绎不绝。

二、擦擦分布现状

2019年10—12月，迪庆州博物馆、德钦县文物管理所对德钦县境内擦擦分布现状进行了系统的田野调查。

德钦县境内的擦擦田野调查分两个阶段进行，调查范围包括德钦县境内所有乡镇，以藏传佛教寺院、梅里雪山内外转经路线和茶马古道沿线为重点。第一阶段以澜沧江沿线为主，调查走访了佛山乡、云岭乡、燕门乡和升平镇4个乡镇，共调查7座寺庙，5个摩崖石刻点，6个文物保护单位，调查记录41个擦擦分布点；第二阶段以金沙江沿线为主，调查走访了羊拉乡、霞若乡、拖顶乡和奔子栏镇4个乡镇，共调查10座寺庙，2个摩崖石刻点，11个文物保护单位，调查记录37个擦擦分布点。德钦县78个擦擦分布点按类别分为神山圣迹3个，佛寺塔基13个，修行崖洞3个，擦康46个，私人擦康2个，洞穴3个，崖壁2个，家庭佛龛2个，组合3个，转经廊1个。

表2-2 德钦县擦擦调查点情况一览表

序号	名称	村落	教派	类型	质地
001	巨水村白塔	升平镇巨水村	格鲁派、宁玛派	塔、佛像	泥质

① （唐）樊绰：《云南志》。

续表

序号	名称	村落	教派	类型	质地
002	培丁更曲林擦擦	佛山乡江坡村玖农组	萨迦派	泥佛像装饰构件	泥质
003	指该扎擦擦点	佛山乡江坡村玖农组	萨迦派	塔、佛像	泥质
004	说打帕母乃擦擦洞	佛山乡江坡村说打组	萨迦派	塔、佛像	泥质
005	说打擦康	佛山乡江坡村说打组	萨迦派	塔、佛像	泥质
006	江坡二组擦擦沟	佛山乡江坡村二组	萨迦派	塔、佛像	泥质
007	纳古 1 号擦康	佛山乡纳古村	萨迦派	塔、佛像	泥质
008	纳古 2 号擦康	佛山乡纳古村	萨迦派	塔、佛像	泥质
009	甲卡 1 号擦康	佛山乡甲卡村	萨迦派	塔、佛像	泥质
010	甲卡 2 号擦康	佛山乡甲卡村	萨迦派	塔、佛像	泥质
011	子都组擦擦	升平镇阿东村子都组	格鲁派、宁玛派	塔、佛像	泥质
012	勺龙擦康	升平镇阿东村勺龙组	格鲁派、宁玛派	塔	泥质
013	娘哇擦康	升平镇阿东村娘哇组	格鲁派、宁玛派	塔、佛像	泥质
014	此里金安修行洞	升平镇阿东村	格鲁派、宁玛派	塔、佛像	泥质
015	娘义社和许荣社擦康	升平镇阿东村	格鲁派、宁玛派	塔、佛像	泥质
016	红坡 1 号擦康	云岭乡红坡村	格鲁派	塔擦、佛像	泥质
017	红坡 2 号擦康	云岭乡红坡村	格鲁派	塔、佛像	泥质
018	红坡 3 号擦康	云岭乡红坡村	格鲁派	塔、佛像	泥质
019	英主顶寺擦康	燕门乡石底村	宁玛派	塔擦、佛像	泥质
020	克通擦康	燕门乡石底村	宁玛派	塔、佛像	泥质
021	禹功 1 号擦康	燕门乡禹功村	噶举派	塔擦、佛像	泥质
022	禹功 2 号擦康	燕门乡禹功村	噶举派	塔、佛像	泥质
023	查里顶擦康	云岭乡查里顶	格鲁派	塔、佛像	泥质
024	红仁 1 号擦康	佛山乡溜筒江村	格鲁派	塔、佛像	泥质
025	红仁 2 号擦康	佛山乡溜筒江村	格鲁派	塔、佛像	泥质
026	娘吧 1 号擦康	云岭乡斯农村娘吧组	格鲁派	塔、佛像	泥质
027	娘吧 2 号擦康	云岭乡斯农村娘吧组	格鲁派	塔、佛像	泥质

续表

序号	名称	村落	教派	类型	质地
028	明永 1 号擦康	云岭乡明永村	格鲁派	塔、佛像	泥质
029	明永 2 号擦康	云岭乡明永村	格鲁派	塔、佛像	泥质
030	明永 3 号擦康	云岭乡明永村	格鲁派	塔、佛像	泥质
031	荣宗擦康	云岭乡荣宗村	格鲁派	塔、佛像	泥质
032	西当擦康	云岭乡西当村	格鲁派	塔、佛像	泥质
033	扎龙擦康	云岭乡扎龙村	格鲁派	塔、佛像	泥质
034	尼农擦康	云岭乡尼农村	格鲁派	塔、佛像	泥质
035	则木寺擦康	羊拉乡归吾村	格鲁派	塔、佛像	泥质
036	散岁 1 号擦康	羊拉乡羊拉村	格鲁派	佛像	泥质
037	散岁 2 号擦康	羊拉乡羊拉村	格鲁派	佛像	泥质
038	南梗擦康	羊拉乡羊拉村	格鲁派	封存	不详
039	玖农擦康	羊拉乡羊拉村	格鲁派	塔、佛像	泥质
040	巴孜擦康	羊拉乡羊拉村	格鲁派	佛像	泥质
041	少达擦康	羊拉乡羊拉村	格鲁派	佛像	泥质
042	白玛珠普（莲花生禅修洞）	羊拉乡甲功村	格鲁派	塔、佛像	泥质
043	格古擦康	羊拉乡甲功村	格鲁派	封存	不详
044	差达擦康	羊拉乡甲功村	格鲁派	封存	不详
045	角贡擦康	羊拉乡甲功村	格鲁派	封存	不详
046	别吾擦康	羊拉乡甲功村	格鲁派	封存	不详
047	鲁布顶寺寺主修行地 擦康	羊拉乡甲功村	格鲁派	塔、佛像	泥质
048	格亚顶白塔	羊拉乡茂顶村	格鲁派	封存	不详
049	格亚顶私人收藏	羊拉乡茂顶村	格鲁派	塔、佛像	泥质
050	斯茂顶擦擦洞	羊拉乡茂顶村	格鲁派	塔、佛像	泥质
051	茂顶村洞科	羊拉乡茂顶村	格鲁派	封存	不详
052	茂顶村白塔	羊拉乡茂顶村	格鲁派	封存	不详

续表

序号	名称	村落	教派	类型	质地
053	茂顶擦康	羊拉乡茂顶村	格鲁派	塔、佛像	泥质
054	洒茸都吉擦康（茂巴）	羊拉乡茂顶村	格鲁派	塔	泥质
055	茂顶寺擦康	羊拉乡茂顶村	格鲁派	塔、佛像	泥质
056	永堆擦康	奔子栏镇叶日村	格鲁派	塔、佛像	泥质
057	日尼擦康	奔子栏镇叶日村	格鲁派	封存	不详
058	尼丁 1 号擦康	奔子栏镇玉杰村	格鲁派	佛像、塔	泥质
059	尼丁 2 号擦康	奔子栏镇玉杰村	格鲁派	佛像、塔	泥质
060	石义擦康	奔子栏镇玉杰村	格鲁派	佛像、塔	泥质
061	东竹林尼姑寺长寿佛 堂殿	奔子栏镇	格鲁派	佛像	泥质
062	车居擦康	奔子栏镇书松村	格鲁派	佛像、塔	泥质
063	仁尼贡卡擦康	奔子栏镇书松村	格鲁派	佛像、塔	泥质
064	水边寺白塔	奔子栏镇	格鲁派	封存	不详
065	松德贡擦擦洞	奔子栏夺通村	格鲁派	塔	泥质
066	娘举贡下社木拥贡家佛堂	奔子栏镇	格鲁派	塔、佛像	不详
067	贡仁擦康	拖顶乡左力村	格鲁派	封存	不详
068	尼仁 1 号擦康	拖顶乡洛玉村	噶举派	塔擦	泥质
069	尼仁 2 号擦康	拖顶乡洛玉村	噶举派	塔、佛像	泥质
070	德古龙擦康	拖顶乡左力村	格鲁派	塔、佛像	泥质
071	拖顶小组擦康	拖顶乡拖顶村	格鲁派	塔、佛像	泥质
072	车里格擦康	拖顶乡车里格村	格鲁派	封存	不详
073	玖拉擦康	拖顶乡玖拉村	格鲁派	塔、佛像	泥质
074	四卡擦擦洞	霞若乡粗卡通村	格鲁派	塔	泥质
075	夏衮林寺（霞若安曲） 擦康	霞若乡粗卡通村	格鲁派	塔、佛像	泥质
076	莲花生禅修洞	云岭乡雨崩村	宁玛派	塔	泥质
077	加兴崩擦擦点	云岭乡雨崩村	格鲁派	塔、佛像	泥质
078	雨崩擦康	云岭乡雨崩村	格鲁派	塔、佛像	泥质

甲卡擦康

德钦县域内除西南部傈僳族居住的施坝村外，所有藏族村寨、藏族与其他民族混杂居村寨都有制作擦擦的习俗，有多个放置擦擦的地点，甚至在纳西族聚居村——佛山乡巴美村、纳古村、巴美村甲卡村民小组都有擦康。此次调查覆盖了德钦县所有村子，发现每个村子都有擦擦点。我们通过访谈，每个村子都只记录两到三个有代表性、有一定历史年代的擦擦点。其中佛山乡的江坡村（与西藏芒康县接壤），羊拉乡（与四川省巴塘县和得荣县接壤），擦擦文化保存得比较完好，在调查中作了比较完整的记录。

通过调查，发现德钦县基本每个村落都有放置擦擦的擦擦洞，只是后期出现擦康和白塔后才被遗弃。高僧在修建佛塔时，收集附近村子的擦擦之后放入塔内作为装藏品。如燕门乡禹功寺修建白塔时，将附近擦康及山洞内放置的擦擦全部放入塔内，装藏了 10 万个塔擦。羊拉乡的茂顶寺、鲁布顶新寺建塔时，也将附近的擦擦都装藏入塔内。奔子栏镇玉杰村石义小组因石义土司府而闻名，石义土司是德钦县境内金沙江沿线最大的土司，石义擦康分为两层，在原址重建，擦康内建有白塔，建白塔时将原擦康中供奉的擦擦全部装藏在白塔中。

调查中，在羊拉乡散岁擦康内的擦擦上发现了三字明咒“唵阿吽”，据文献记载，三字明是制作擦擦的最后一道仪轨，说明当地制作擦擦是按照严格的仪轨制作的。调查中在羊拉乡老羊拉村发现了苯教活动场所，说明苯教在偏远地区的留存。

德钦县域内藏传佛教各个教派的信教群众和苯教信教群众都制作擦擦，特别是位于说打古木林（江坡拉康）旁的佛山乡江坡村说打组，有 11 户人家 60 人，村民大多信奉藏传佛教的萨迦派和宁玛派，也有少数人信奉噶举派和宁玛派。说打古木林在清初期由藏传佛教噶玛噶举派所建，后被萨迦派、宁玛派、格鲁派等僧俗信众奉为朝觐圣地，到新中国成立前形成了多种教派朝佛诵经的场所，由说打古木庙、圣迹帕姆乃和说打圣湖组成，是云南省内唯一一座集藏传佛教噶举派、萨迦派、格鲁派、宁玛派崇拜为一体的特殊庙宇，以萨迦和格鲁派传承为主。庙内没有专职僧人，每年例行的法会和佛事活动都由俗家居士举办和主持。圣迹帕姆乃位于寺院北面山崖下，传说是金刚亥母的住锡地，僧俗信众常绕山朝拜，朝圣路上有 100 多处藏文摩崖石刻。帕姆乃擦擦洞位于巨型崖壁之下，崖壁正东为说打村，地理坐标 98° E，28° 41′ N，海拔 3382 米，洞口宽 30 米，径深 10 米，台高 1.3 米。四周被植被覆盖，生态保护良好。擦擦沿崖脚分布，大部分为塔擦，也有部分佛像，周围如德钦、得荣信教群众都

羊拉茂顶寺白塔和擦康

羊拉村苯教活动场所

羊拉村苯教活动场所内的壁画

调查说打古木林庙（2019 年 10 月 25 日）

走访说打村老居士吉才（图上中间，2019 年 10 月 24 日）

调查说打帕姆乃擦擦洞（2019 年 10 月 25 日）

会来此供奉擦擦。

通过调查发现，德钦县大部分村子都有一个或几个擦擦供奉点，多位于入村村口或出村路口。以斯农自然村为例，据被访谈人员此里农布介绍，斯农自然村原有 50 户，现发展为 73 户，村民均为藏族。全村有五个擦擦供奉点，第一个供奉点位于村子上方距村约 1500 米的一个山洞内，在擦康没有出现之前全村的擦擦都供奉于此，出现擦康后该供奉点被废弃，现仅存遗址。其他四个点

调查纳古擦康2号点（2019年10月25日）

调查明永1号、2号擦康（2019年10月29日）

调查德钦县云岭乡雨崩村擦擦点（2020 年 11 月 18 日）

均为擦康，位于村子下方，从南往北依次分布于山沟（山沟因有 4 个擦康而被当地人称为擦擦沟）。第一个擦康位于没有通公路前的入村村口，现已完全消失；第二个擦康位于村子下方的一个小土坡上，后因擦康倒塌，2019 年在原址旁新建擦康，原来擦康内供奉的擦擦清理后重新装入新擦康内，现擦康已封，在原擦康位置上新建佛塔，村里每年的神山祭祀活动都要在这里举办；第三个擦康已毁，仅存遗址；第四个擦康位于最北边，以前是出村村口，后因修建公路变成进村村口，擦康已毁，现已在原址修建了玛尼石堆。

德钦县的擦擦以泥擦为多，但在升平镇阿东村娘义社、许荣社擦康发现 7 个陶擦（2 个塔擦、5 个尊像擦）；在拖顶乡德古龙擦康发现 2 个陶擦（1 个千手 观音陶擦、1 个塔擦）；羊拉乡格亚顶私人收藏有 4 个塔型陶擦；在云岭乡斯农白塔擦康发现 1 个佛像陶擦；霞若乡的夏衮林寺（霞若安曲）擦康内发现 2 个陶擦；在奔子栏石义擦康发现 1 个尊像陶擦；奔子栏娘举贡村木拥家的经堂内供奉 1 个尊像陶擦和 2 个塔形陶擦。陶擦在德钦县境内大部分乡镇都有发现，虽数量少，但也说明在迪庆境内以前有制作陶擦的习俗。

第四节 维西县擦擦分布现状

一、维西县概况

维西县位于北纬 26°53′—28°02′，东经 98°54′—99°34′，地处青藏高原向云贵高原的过渡带，居云南省西北隅，迪庆州西南端。东邻香格里拉市，东南连丽江市，南接兰坪县，西与贡山县、福贡县交界，东北及北面与德钦县交界。

维西藏族地域分布，有其历史原因。唐代初期，县境为吐蕃铁桥节度使地，居民中的藏族成分比较多。宋、元期间，史籍文献多记：么些、吐蕃“二蛮浑处”。《大元一统志》记载临西县的 14 个坊郭乡镇中，就有一部分标明是“吐蕃”的。明代丽江木氏土知府与藏族农奴主在县境长期进行争夺战，最终虽然木氏取胜，但作为世居居民的藏族，大多依然居留了下来。清代设置的维西厅，曾是当时有名的藏族聚居区之一。《维西见闻纪》中也有记载：“古宗，即吐蕃旧民也。有二种，皆无姓氏。近城及其宗、喇普，明木氏屠未尽者，散处于么些之间，谓之么些古宗。”当时的藏族人口约占当地居民的一半，清代在维西先后修建了藏传佛教噶举派寺院 5 座。民国时期维西析厅设县，藏族居民尚多。据 1957 年统计，全县藏族共有 27500 人，占全县总人口的 31%。此后，奔子栏、泽通

调查康普寿国寺（2020 年 4 月 13 日）

等地先后划归德钦、中甸，县内藏族人数锐减。据2020年统计公报，维西县总人口为157294人，其中藏族户籍人口13053人，占全县总人口的8.28%。①

维西县的藏族60%以上的人口聚居在塔城镇内，约占该镇人口总数的39%；有20%聚居在巴迪乡，约占该乡人口总数的23%；近10%的人居住在攀天阁乡境；其余分散在永春、保和镇、白济汛、康普、叶枝等乡镇内。

二、擦擦分布现状

2020年4月13—17日，项目调查组开展维西县擦擦调查。维西傈僳族自治县藏族主要聚居于巴迪、叶枝、康普、塔城等4个乡镇，所以，维西的调查以这4个乡镇为主。此次调查走访了4个乡镇中的4座寺庙，5个文物保护点，调查记录神山圣迹1个，佛寺塔基3个，集体擦康5个，洞穴4个，崖壁2个。

表2-3 维西县擦擦调查点一览表

序号	名称	村落	教派	类型	质地
001	结义擦擦洞1号	巴迪乡结义村	格鲁派	塔	泥质
002	结义擦擦洞2号	巴迪乡结义村	格鲁派	塔	泥质
003	洛通擦康1号	巴迪乡洛通村	格鲁派	封存	不详
004	洛通擦康2号	巴迪乡洛通村	格鲁派	塔、佛像	泥质
005	捧八擦康旧址	巴迪乡捧八村	格鲁派	不详	不详
006	三零九擦擦洞1号	叶枝镇同乐村三零九	噶举派	塔	泥质
007	三零九擦擦洞2号	叶枝镇同乐村三零九	噶举派	塔	泥质
008	达摩祖师洞擦康	塔城镇	噶举派	塔、佛像	泥质
009	塔城佛学院	塔城镇	噶举派	塔、佛像	泥质
010	白鲁擦康1号	塔城镇巴珠村	噶举派	塔	泥质
011	白鲁擦康2号	塔城镇巴珠村	噶举派	塔	泥质
012	巴珠擦擦洞	塔城镇巴珠村	噶举派	塔	泥质
013	汝可擦擦洞	塔城镇汝可村	噶举派	塔	泥质
014	扎曲拉可烧香洞	塔城镇汝可村	噶举派	封存	不详
015	柯那安曲	塔城镇柯那村	格鲁派	封存	不详

① 2022年迪庆州统计局统计数据。

擦擦的供奉方式以洞穴和崖壁为多，擦康仅在巴迪洛通、塔城巴珠和达摩祖师洞发现，其余均将擦擦供奉在崖壁下。叶枝镇同乐村三零九 1 号擦擦点位于山腰石洞中，洞口向东北，宽 1.2 米，径深 1.1 米，高 1.3 米。洞内供奉的为塔擦，可辨认两种形制；三零九 2 号擦擦点位于 1 号点右下方，距 1 号擦擦点 5 米的一石壁下，石壁面向东北，洞宽 3.45 米，径深 1.85 米，高 2.52 米。供奉的

调查叶枝咱尼生生洞（2020 年 4 月 15 日）

采访维西县塔城镇柯那村
（2020 年 4 月 17 日）

调查维西县塔城镇巴珠村擦康旧址
（2020 年 4 月 16 日）

维西县叶枝镇同乐村三零九 1 号擦擦点

三零九 1 号擦擦点塔擦
（高 0.095 米，底径 0.085 米，座高 0.032 米）

三零九 1 号擦擦点塔擦
（高 0.1 米，底径 0.06 米，底座 0.04 米）

三零九 2 号擦擦点塔擦
（高 0.049 米，底径 0.045 米）

三零九 2 号擦擦点塔擦
（高 0.05 米，底径 0.03 米，座高 0.02 米）

调查维西县巴迪乡洛通擦康
（2020 年 4 月 14 日）

全为塔擦，可辨认三种形制的塔擦。三零九村共有 53 户，为传统傈僳族村落，信奉傈僳族原始宗教。从三零九的两个擦擦点向北翻过一个山梁就到康普寿国寺，寿国寺为藏传佛教噶举派寺院，该寺于雍正七年（1729 年）由纳西族叶枝土司禾娘捐资修建，乾隆十年（1745 年）被毁，乾隆三十五年（1770 年）迁至现址重建。据调查，三零九两个擦擦点所供奉的擦擦为寿国寺僧人所供奉。

现在维西县藏族村落大多已不再制作擦擦，现存的擦擦都是以前修建白塔时装藏剩余的，只有塔城镇巴珠村每年定期会做擦擦。

巴珠村的擦康比较独特，为木楞榫卯结构建筑，木板人字形顶。巴珠村房屋四角高处供奉有擦擦，用以象征房屋四周的白塔。

第五节 香格里拉市擦擦分布现状

一、香格里拉市概况

香格里拉市位于云南省西北部，青藏高原东南缘横断山脉中段，世界自然遗产“三江并流”腹地。东与四川省稻城县、木里县相连，西、北与四川省得荣县、乡城县毗邻。居于东经 99° 20′—100° 19′，北纬 26° 52′—28° 52′之间。总面积 11613 平方千米，建塘镇为市政府所在地。全市辖 7 乡 4 镇，即东旺乡、格咱乡、尼西乡、五境乡、上江乡、三坝乡、洛吉乡，金江镇、虎跳峡镇、建塘镇、小中甸镇。

香格里拉藏语称“建塘”，唐代的汉、藏文典籍中称“剑赕”和“杰汤”。元代以后又称为“杰达木”和“旦当”等，明代丽江木氏土司用纳西语称其为“主地”，汉译为“忠甸”，一直沿用到 20 世纪末。2001 年 12 月 17 日，经国务院批准更名为“香格里拉县”。香格里拉意为“心中的日月”，代表着藏族人民的理想境界。境内峡谷纵横，庙宇深邃，森林环绕，多民族、多宗教，是各种信仰和谐共存的精神乐园，也是人与自然和睦相处，多种民族文化共同繁荣的人间仙境。

香格里拉市建塘镇吉迪村

中甸境内，唐以前居住着白狼、槃木、姐羌等氐羌民族，曾以姐羌为主，组成结塘部落。唐贞观八年（634年），吐蕃松赞干布传播其宗教文化于康区，并占领结塘，在金沙江上架设铁桥，在其宗设置神川都督府，中甸成为吐蕃军队屯牧之地。至唐末，吐蕃分裂，巡边军官割据中甸，逐步同化融合了世居民族的白狼、槃木、姐羌和外来的汉裳蛮、施蛮、顺蛮、长裤蛮，成为中甸境内藏族的先民，始有番岗巴（意“高原藏人”，居大、小中甸）、绒巴（意“干热河谷人”，居东旺、尼西、五境）。元代，一些蒙古官员和马站人员进入中甸；明代，木氏土司占领中甸，大量移民屯垦，大批纳西族进入中甸涉藏地区；雍正年间，清朝派绿营兵镇守中甸，与此同时，一批经商开矿的汉族相继进入中甸涉藏地区；乾隆、咸丰年间，又有一批回族进入中甸。这些蒙古人几乎全部，纳西族、汉族、回族中的一部分，渐渐融合于藏族，成为今天中甸的藏族。据2020年统计公报，香格里拉市总人口为172900人，其中藏族户籍人口71008人，占总人口的41.1%。

二、擦擦分布现状

香格里拉市的藏族主要分布于高寒坝区的建塘镇、小中甸镇、格咱乡，干热河谷地区的东旺乡、尼西乡、五境乡以及洛吉乡的尼汝村、三坝乡的安南村、虎跳峡镇金星村的鲁堆组。另外，三坝乡的东坝村、上江乡的木高村、福格村亦有零星的分布。

2020年5月11—13日，开展五境乡和尼西乡的擦擦调查，共调查记录16个擦擦点。五境乡位于香格里拉市的西部，北纬28°22′—28°52′，东经99°23′—99°53′。唐代属吐蕃神川都督府，元代属巨津州，明代为木土司地，清代初期为巴塘土司管辖，为五个伙头管辖之地，故称江外五境。清雍正划归维西厅。辖仓觉、泽通、霞珠三个行政村，藏族占总人口的88.6%。五境乡的藏族信教群众现在很少做擦擦，大多数擦康在“文化大革命”时期被毁，在我们走访的8个点中，仅存5个擦康和1个擦擦洞，其中1个擦康建于吉仁河源头。

五境乡吉仁村的恩拉布顶擦康建于20世纪80年代初，内装泥质和陶质的百塔擦。该擦康为吉仁村叶古组和吉仁水两个村民小组共同拥有，叶古组有42户、208人，吉仁水组有38户、246人。擦康位于公路上方的山包上，东北侧临吉仁河，西北侧临金沙江。石砌建筑，土掌顶，顶上素心由石块代替。据调查，修建擦康有两个原因：一是此地地处金沙江与吉仁河的交界处，是附近村子的水葬点；二是此地地处古水组和吉仁水组两个村的进出口，建擦康起到镇宅护村的作用。

五境乡仓觉村农仁组的农仁擦擦洞位于农仁组下方悬崖洞中，洞口面向东南，临麦地河，周围都是竹林，为 1949 年前农仁一组放置擦擦的地方。洞内擦擦都为泥质塔擦，多数已风化，可辨认出 16 种不同形制的塔擦。

调查仓觉村农仁擦擦洞（图上红圈处，2020 年 5 月 11 日）

农仁塔擦（一）
（高 0.059 米，底径 0.05 米）

农仁塔擦（二）
（高 0.05 米，底径 0.05 米）

尼西乡位于香格里拉市的西北部，北纬 27° 51′—28° 25′，东经 99° 20 ′—99° 37′。元代属大旦当，嘉靖五年（1526 年）后为木土司占领，雍正二年（1724 年）中甸归属云南后设尼西境。辖新阳、幸福、汤满、江东四个行政村，藏族人口占总人口的 96.7%。尼西乡现除幸福村外，其余村的信教群众很少制作擦擦，大部分藏民家中都会供奉几个塔擦，在固定的节日或者佛事活动时根据需要取出使用，用完再供奉回去，可反复使用。

2020 年 5 月 21—27 日开展东旺乡、格咱乡、洛吉乡的擦擦调查，调查记录 27 个擦擦点。东旺乡位于香格里拉市最北端，北纬 28° 22′—28° 52′，东经 99° 23′—99° 53′，这里雪山林立、沟壑纵深，被称为香格里拉“北极”。东旺乡宋、元时属巴域，元代属奔不儿亦思刚招讨司达鲁花赤管辖，嘉靖三十二年（1554 年）被木氏土司占领。康熙十八年（1679 年）划归中甸格咱境神翁管理，为香格里拉市藏族聚居乡，村落分布于东旺河沿岸。辖上游、跃进、中心、胜利、新联五个行政村，2020 年总人口为 6440 人，藏族占总人口的 99.67%。东旺历史悠久，1996 年发掘的比虾石棺墓证明早在春秋战国时期东旺河谷流域已有人类活动，宗教文化浓厚，有著名的扎奔神山和宁玛派寺院云登寺。以跃进村普丁组为界，东旺河上游的藏族群众信奉宁玛派，下游藏族群众信奉格鲁派，普丁一带则信奉格鲁派和宁玛派。东旺乡的藏族信教群众至今还保留着制作擦擦的习俗，在农历春节后至藏历四月农闲时制作擦擦，基本每个村民小组都建有擦康或有擦擦洞存放擦擦。现在擦康基本于 1982 年恢复宗教自由后在原址上重建。另外，东旺还有很多私人修建的擦康，大多为求子而建。

东旺乡的云登寺是藏传佛教宁玛派寺院，擦擦洞位于云登寺后山山腰，洞口向南，洞宽 4.5 米，高 2.45 米，径深 3.1 米，前有一条小沟。洞内供奉泥质塔擦和佛像，佛像为不动佛。一般在每年的藏历一月或二月择吉日制作擦擦，附近的信教群众也参与制做擦擦。做好擦擦后，先放于寺院后山的擦擦洞，等到擦擦洞里放置满擦擦后再将擦擦转移至擦康，如此反复。现云登寺内共有 3 个擦康。

香格里拉市东旺乡扎奔神山

东旺乡上游村色央组共有

调查云登寺（2020 年 5 月 21 日）

云登寺擦擦洞

23 户 146 人，信奉藏传佛教宁玛派。色央统炯打嘎擦擦洞位于色央村后山腰巨石下，洞口向正南，临山涧，洞长 10 米，高 0.5 米，径深 5 米。周围植被茂密，大多为栗属植物，为色央村早期供奉擦擦的地方。该擦擦洞里的擦擦为泥质塔擦，尺寸较大，装藏五谷，早期为代替白塔使用。

调查香格里拉市东旺乡上游村色央统炯打嘎擦擦洞（2020 年 5 月 22 日）

调查香格里拉市东旺乡昌娘 1 号点擦康（2020 年 5 月 23 日）

调查东旺乡中心村思伟擦擦点（2020 年 5 月 25 日）

访问调查东旺乡中心村思伟村擦擦点（中间为被采访人洛桑取次，2020 年 5 月 25 日）

赤土仙人洞供奉的塔擦

调查格咱乡浪都村义瓦擦康遗址
（2020 年 5 月 26 日）

格咱乡位于香格里拉市北部，北纬 27° 53′—28° 37′，东经 92° 29′—100° 11′。南宋时，翁上称为“巴域”，属巴塘管辖。元代，吐蕃等路宣慰使司都元帅府设大小奔不儿亦思刚招讨司，由达鲁花赤二员管辖巴塘、理塘、结塘绷波岗，由蒙古族中委任的达鲁花赤一员驻格咱（拉咱仲）。正德十五年（1520 年）后为木氏土司所占领，派木瓜管辖其地。康熙年间为蒙古和硕特部占领，称其地为“扎咱”。雍正二年（1722 年），中甸归属云南后设格咱境。辖格咱、翁上、翁水、浪都、纳格拉、木鲁六个行政村，境内有圣迹赤土仙人洞。藏族占总人口的 99.21%，[①]信奉藏传佛教宁玛派和格鲁派。格咱乡的藏族信教群众直到目前还保留着制作擦擦的习俗。其中的浪都村藏族信教群众虽信奉宁玛派，但因距离香格里拉较远，并与四川省稻城县接壤，信教群众在举行宗教活动时多邀请稻城县噶举派的僧人主持活动，其房屋建筑及擦康的风格与稻城县接近。

洛吉乡位于香格里拉市东部，北纬 27° 38′—28° 06′，东经 99° 55′—100° 19′。辖洛吉、九龙、尼汝三个行政村。藏族聚居于尼汝村，尼汝村藏族信奉苯教，擦擦由仓巴主持制作，其擦擦除装藏五谷和经文外，还装海螺钿、金银、绿松石等。

尼汝擦擦洞

2020 年 7 月 14—15 日，项目调查组开展建塘镇、小中甸镇的擦擦调查，

① 2022 年迪庆州统计局统计数据。

调查记录7个擦擦点，2座寺院。建塘镇位于香格里拉市中部，北纬27° 47′—27° 50′，东经99° 41′—99° 44′。唐仪凤、调露年间（676—679年），吐蕃在维西其宗设神川都督府，在今中心镇大龟山上设立寨堡，名独克宗，为铁桥东城。宋、元、明、清皆沿称结达木城。永乐四年（1406年），设镇道安抚司于此。弘治六年（1493年）被木氏土司占领，称大当香各寨。弘治十二年（1499年）木氏土司兵再次得胜中甸，建立香各瓦寨（藏语，即“石山寨”）、大年玉瓦寨（藏语尼旺宗，即“日光城”）。座落于大龟山的石山寨与奶子河畔的日光城遥相呼应，构成中甸历史上有名的香各尼洼。木氏委派木瓜、呗色统领中甸藏地。清属大中甸神翁管辖之雪巴舒卡。辖建塘、北郊、金龙、仓房、北门五个社区；尼史、诺西、红坡、解放、吉迪五个行政村，藏族人口占总人口的71.1%。建塘镇是迪庆藏族自治州的经济文化交流中心，是茶马古道重镇，受外来文化的影响较大。建塘镇藏族信教群众现基本不制作擦擦，擦擦留存少。

小中甸镇位于北纬27° 20′—27° 43′，东经99° 36′—99° 59′。元代称“小旦当”，亦称杨达木，属奔不儿亦思刚招讨司管辖。永乐四年（1406年）置杨汤安抚司，弘治九年（1496年）为木氏土司占领，嘉靖八年（1529年）木土司

调查大宝寺（2020年7月15日）

在今联合村贡下建行宫（木土司城堡）管理滇西北藏族聚居区。雍正二年（1724年）中甸归属云南管辖后，为小中甸境。辖联合、和平、团结三个行政村，藏族占总人口的92.24%。小中甸镇老擦康大多在“破四旧”时被毁，现在的擦康大多是在旧擦康原址上修建，擦擦都比较新。

经过近两个月的调查，共走访7个乡镇，5座寺院，调查记录神山圣迹1个，佛寺塔基6个，修行崖洞1个，擦康24个（其中私人擦康1个），洞穴9个，组合擦康（白塔、玛尼堆、煨桑台）1个，转经廊1个。

表 2-4 香格里拉市擦擦调查点一览表

序号	名称	村落	教派	类型	质地
001	农仁擦擦洞	五境乡仓觉村农仁组	格鲁派	塔	泥质
002	太阳寺	五境乡仓觉村	直贡噶举派	佛像	泥质
003	恩拉布顶擦康	五境乡吉仁村	格鲁派	塔	泥质
004	必生卡擦康	五境乡吉仁村	格鲁派	封存	不详
005	松谋日春擦康	五境乡吉仁村	格鲁派	封存	不详
006	争归擦康	五境乡泽通村争归组	格鲁派	塔	泥质
007	居加擦擦洞	尼西乡江东村居加组	格鲁派	塔擦	泥质
008	开古村白塔	尼西乡江东村开古组	格鲁派	封存	不详
009	汤满上组1号擦康	尼西乡汤满村汤满上组	格鲁派	封存	不详
011	汤满上组2号擦康	尼西乡汤满村汤满上组	格鲁派	封存	不详
012	木茸擦擦洞	尼西乡幸福村木茸组	格鲁派	塔、佛像	泥质
013	奔东擦康	尼西乡幸福村奔东组	格鲁派	塔	泥质
014	新阳擦康	尼西乡新阳村	格鲁派	塔擦	泥质
015	灰批擦擦洞	尼西乡新阳村灰批组	格鲁派	塔	泥质
016	普丁擦康（木毛）	东旺乡跃进村普丁组	格鲁派、宁玛派	塔、佛像	泥质
017	阿布擦康（木毛）	东旺乡跃进村阿布组	格鲁派、宁玛派	塔、佛像	泥质陶质

续表

序号	名称	村落	教派	类型	质地
018	普路擦康（木毛）	东旺乡跃进村普路组	宁玛派	封存	不详
019	云登寺擦擦洞	东旺乡云登寺	宁玛派	塔、佛像	泥质
020	思伟擦擦洞	东旺乡中心村思伟组	格鲁派、宁玛派	塔	泥质
021	咱珍擦擦洞	东旺乡上游村咱珍组	格鲁派	塔	泥质
022	咱珍 1 号擦康	东旺乡上游村咱珍组	格鲁派	封存	不详
023	咱珍“增开”	东旺乡上游村咱珍组	格鲁派	封存	泥质
024	咱珍 2 号擦康	东旺乡上游村咱珍组	格鲁派	封存	不详
025	色央擦康	东旺乡上游村色央组	宁玛派	塔、佛像	泥质
026	色央统炯打嘎擦擦洞	东旺乡上游村色央组	宁玛派	塔	泥质
027	江日春擦擦洞	东旺乡新联村江组	格鲁派	塔	泥质
028	比吓擦康	东旺乡新联村比吓组	格鲁派	封存	不详
029	昌娘 1 号擦康	东旺乡中心村昌娘组	格鲁派	塔、佛像	泥质
030	昌娘 2 号擦康	东旺乡中心村昌娘组	格鲁派	塔、佛像	泥质
031	贡念拉康（擦康）	东旺乡中心组	宁玛派	塔	泥质
032	公松 1 号擦擦洞	东旺乡胜利村公松组	格鲁派、宁玛派	塔、佛像	泥质
033	公松 2 号擦擦洞	东旺乡胜利村公松组	格鲁派、宁玛派	塔、佛像	泥质
034	阿嘎擦康	格咱乡浪都村阿嘎组	格鲁派	塔	泥质
035	义瓦擦康	格咱乡浪都村义瓦组	格鲁派	塔	泥质
036	日丁擦康	格咱乡浪都乡日丁组	格鲁派	塔、佛像	泥质
037	尼汝擦擦洞	洛吉乡尼汝村白中组	苯教	塔	泥质
038	赤土仙人洞擦康	格咱乡浪都村木鲁组	宁玛派、宁玛派	封存	不详
039	赤土仙人洞	格咱乡浪都村木鲁组	宁玛派、宁玛派	塔、佛像	不详
040	惜归擦擦洞	建塘镇吉迪村惜归组	格鲁派	塔	泥质
041	大宝寺擦康	建塘镇诺西村仁安组	格鲁派	塔、佛像	泥质

续表

序号	名称	村落	教派	类型	质地
042	德吉林寺擦康	小中甸镇	格鲁派	佛像、塔	泥质
043	德吉林寺擦擦洞	小中甸镇	格鲁派	佛像	泥质
044	支铁擦康	小中甸镇唐木纳村支铁组	格鲁派	佛像、塔	泥质

第六节 擦擦所属的历史年代

一、迪庆历史文化发展进程

（一）迪庆历史发展脉络及各个时期留下的文物遗存

迪庆历史悠远绚烂，人文博富绝奇。通过考古发掘的遗迹遗物和史料记载，迪庆目前总计有 238 个不可移动文物古迹，其中古遗址 70 个、古墓葬 13 个、古建筑 55 个、石刻 61 个、近现代重要史迹及代表性建筑 30 个、其他类 9 个。在这些文物古迹中，有 7 项国家级文物保护单位、12 项省级文物保护单位、34

云南马下颌骨化石（迪庆州博物馆 供图）

项州级文物保护单位、49项县级文物保护单位，各级政府对价值高的不可移动文物建立了国家、省、州、（市）县四级保护机制。同时通过2012—2016年的第一次可移动文物普查，迪庆的国有文物收藏单位有8家，藏品有7461件套（13756件）。①

1997—2001年，迪庆文物工作者先后在香格里拉市尼西页卡、建塘镇吾庄草原及维西县美光发现了以云南马为代表的更新世早期哺乳动物化石群，证明在一百多万年前迪庆海拔在1500米以下，生态环境为湿润的草原——森林景观。

1956年发现的“丽江人”头骨化石，说明早在旧石器时代滇西北高原就有人类活动。1958—1966年，云南省地质工作者在小中甸发现打制石器。20世纪末，迪庆文博工作者在海拔3340～3910米的大小中甸高原面采集到一批旧石器，石器的主要类型有砍砸器、刮削器、尖状器等，它在一定程度证明这一时期迪庆就有人类活动的痕迹。

20世纪80年代末以来，迪庆境内金沙江及其支流流域共发现古画点24处，约2000平方米。通过测定覆盖于岩画上下的洞穴碳酸盐沉积物年代，金沙江中段虎跳峡万人洞岩画的年代为距今13000—8370年，结合采集的旧石器时代文物信息，显示出这些岩画大体上由该地区旧石器时代的狩猎——采集人群创作。金沙江岩画的发现再次确认了迪庆在旧石器时期就有人类生活，迪庆先民在发

香格里拉市三坝乡东坝村渣日姆足吉岩画

香格里拉市洛吉乡岩布洛岩画（陈淑珍供图）

① 2022年迪庆州文物管理所统计数据。

维西县塔城镇戈登遗址（陈淑珍 供图）

展生产、认识自然、改造自然的同时，也发展了自我的审美意识和艺术创造才能，认识并掌握了绘画这门艺术，并在没有文字的远古时代，创造了利用岩石作“画布”的最早的美术作品。

1958 年，云南省考古工作队清理发掘维西的戈登遗址，开启了迪庆文物考古的先河；1959 年，中央民族学院王恒杰老师在香格里拉市小中甸镇的区哇丁发现了区哇丁新石器遗址。近年来，在第三次文物普查和电站建设调查中，在金沙江流域和澜沧江流域发现了仕达遗址、真朴遗址、宗咱遗址、吉岔遗址、糯果遗址、白浪坝遗址、佳禾遗址等，这些众多特色鲜明的新石器遗存证明早在四千多年前，迪庆境内就已有人类生活。

青铜时代，滇西北的远古历史进入了一个最重要的转型期，沿金沙江和澜沧江流域“北下”和“南上”的众多部落和族群在这里与当地的先民汇聚，各民族的活动和交往异常活跃。这一时期迪庆先民在继承新石器文化的基础上，发展至青铜文化阶段，主要表现为金沙江流域和澜沧江流域广泛分布着的石棺墓葬。作为迪庆早期文化一大特色的石棺葬俗文化，20 世纪七八十年代先后在迪庆境内发掘的永芝、纳古、石底和尼西的商代至春秋战国时期的大批石棺墓，其文化兼有甘肃、青海草原文化与滇池文化的双重特性，证明两千多年前，迪庆就已成为中国西南和西北民族经济文化交流的走廊。

青铜马杖头饰（迪庆州博物馆 供图）

6 世纪，吐蕃王朝在青藏高原崛起，随后不断向外扩张，在极盛时期，其势力顺金沙江和澜沧江南下直达洱海地区，将迪庆地区全部纳入其统治范围。据史料记载，约在咸亨元年（670年）吐蕃在迪庆塔城的金沙江上修建铁桥，并于永隆元年（680年）在神州地设神川都督府，统辖铁桥16城。在此后经营迪庆的一百多年里，吐蕃留下了宗古遗址、塔城关隘遗址、大土堆要塞遗址、真朴遗址、宗咱遗址、居日河遗址等众多的历史遗迹。这些遗址征战屯兵的性质十分明显，它们对研究云南藏族历史和藏文化在滇西北的传播具有重要的价值。

宋代，大理国废节度，设四镇八府，维西县境归么些大酋统辖，号"花马国"。

宪宗三年（宝佑元年，1253年）十月，忽必烈征大理，其大将兀良合台从巴塘进建塘，在中甸春独、良美、士旺、木斯扎、冷都、撒苏碧一带"革囊渡金沙江"。平大理国后，忽必烈十分重视其后方的交通要塞建塘的经营，于至元六年（1269年）在小旦当（今小中甸镇）设立马站，设站户为500户并派蒙军镇守。至正二十二年（1362年），设奔不儿亦思刚达鲁花赤（集军政大权于一体的长官）二员，分驻独克宗、格咱，下设万户、千户、百户的官员（土司），管理迪庆的大部分地区，土司制度形成。明朝，迪庆分属木氏土司和蒙古和硕特部的统治。迪庆分属丽江府、永昌府，部分属云南都司。木氏土司及统领的军队从成化四年（1468年）至嘉靖三十二年（1553年），经过八十多年与各藏族地方势力的反复争夺，占领迪庆全境，并建立了以木氏家族为核心，以军事指挥为主的领主庄园一年各羊脑寨。这一时期，木氏土司捐资修建了衮钦寺、百鸡寺、大宝寺、格咱寺、纳格拉寺等大批噶举派寺院，并于万历三十七年（1609年），资助噶举派红帽系第六世活佛昂吾却吉汪秋在小中甸康司寺完成了108卷《甘珠尔》刻版，就是后世称为"丽江—理塘版大藏经"。崇祯十二年（1639年），蒙古和硕特部南下康区，木氏土司势力退出，迪庆成为和硕特部辖区。木氏土司城堡遗址位于香格里拉县城南25千米，为明代丽江土司木氏经营边地屯兵的地方，占地约1500平方米。遗址规模宏大，现存有四周残墙及大量房屋基础、两座石雕狮子等遗迹、遗物，是迪庆境内目前发现的规模最大的明代建筑遗址，为研究明代木氏土司的屯兵制度，城堡构筑和滇西北地区的民族关系等的重要实物证据。正德年间（1506—1521年）由丽江木氏土司捐资兴建的衮钦寺，建筑规模宏大，文物及经典众多，特别是其中的三丈六尺高大铜佛闻名遐迩。康熙十三年（1674年），衮钦寺因联合迪庆境内的噶举派寺院和苯教寺院在木氏土司的支持下，发动了反对蒙古和硕特部统治及抵制格鲁派势力渗入的武装战乱，而被蒙古军队联合各方反对势力镇压，僧人被驱散或改宗，寺院被拆毁。

清朝时期，迪庆归属云南，改土归流。康熙六年（1667 年）八月，青海 蒙古和硕特部受格鲁派之约请，挥兵占领中甸，在中甸设置独克宗（今中心镇），五世达赖喇嘛派宗官管理中甸地方，清查户口，登记土地、物产并征收赋税。康熙二十七年（1688 年），清廷允准在中甸立市。由于有了朝廷的认可和优惠政策，从此茶马古道滇藏线得到了迅速的发展。茶马古道不仅是贸易路线，还促进了沿线各民族的文化交流与融合，加强了民族之间的联系与团结。特别是在抗战时期，大批军需物资从茶马古道源源不断地运往抗日后方，为我国的解放事业立下了汗马功劳。

1913 年，废府、州，设县。设立阿墩子行政委员、中甸县、维西县。1936 年 4 月 25 日至 5 月 13 日，中国工农红军红二、六军团在贺龙、肖克率领下进入中甸修整，在“中心镇公堂”设立指挥部，并在此召开“中甸会议”，宣传并执行党的民族宗教政策。噶丹松赞林寺开仓放粮，支援红军北上抗日。时任指挥长贺龙书写“兴盛番族”锦幛赠予寺院，留下军民团结融合、民族团结的佳话。

兴盛番族锦幛（迪庆州博物馆 供图）

1950 年 5 月，中国人民解放军四十二师进驻迪庆，中甸、德钦、维西相继和平解放，迪庆各县相继召开民族代表会议，建立基层人民政府，从此人民当家做主，迪庆历史掀开了崭新的一页，生活在这块古老土地上的各族人民获得了新生。1954 年 12 月，松赞林寺松谋活佛任自治州筹备委员会主任委员，并为即将成立的自治州取名“迪庆”。1957 年 9 月 13 日，经中华人民共和国国务院批准，成立云南省迪庆藏族自治州，松谋活佛当选为自治州第一任州长。

现存迪庆州人民政府旧址建筑群，是中华人民共和国建立初期迪庆重大历

迪庆州首届人民政府旧址办公大院（迪庆州文物管理所 供图）

史事件和人民政权建设珍贵的实物见证，是封建农奴制残酷统治下的迪庆各族人民在中国共产党领导下翻身解放、当家做主和实行民族区域自治政策的重要历史见证，是各族人民共同团结进步的象征，是反对“藏独”势力、开展爱国主义教育的生动教材。

二、迪庆苯教及藏传佛教文化发展进程

迪庆苯教及藏传佛教文化的发展紧随迪庆历史发展的进程。苯教是发轫于象雄王朝的一种宗教，据《藏族万年大事件》记载，公元前 825—公元前 545 年间（周宣王三年至周灵王二十七年），象雄王朝的势力进入滇西北地区，同时苯教也随之传入滇西北。在吐蕃时期，迪庆盛行苯教，据经典《十万白龙经》《色尼尔》等记载，藏族人死后要进行一系列丧葬仪式，其中重要的一项是以“石片为棺”或“垒石为墓”。在德钦县永芝、纳古、石底等地和香格里拉市尼西幸福等地发现的石棺墓及其中的随葬品青铜器、土陶罐、银饰、绿松石等来看，当时迪庆区域主要流传的宗教为苯教。

7 世纪，吐蕃军事势力南下，迪庆是吐蕃、南诏争相经略之地。吐蕃军中盛行“军中苯教师”制度，为其军事行动服务。迪庆境内苯教的兴衰与西藏苯教兴衰有联系。8世纪后，吐蕃王朝兴佛抑苯，特别是赤松德赞时期，推行严厉的灭苯措施，迫使一些苯教师父改信佛教，另一些苯教师父被迫离开西藏本土，被流放到边远的藏、滇、川交界地的左贡、察隅、芒康、德钦、中甸、维西等地。这些地方特殊的地理环境和民族成分，适于苯教的传播和发展。

至唐代开成年间吐蕃朗达玛在位时兴苯灭佛，许多苯教徒南下康区传教。到宋代、元代时期，不但居家苯教巫师“敦巴”很多，还建立了一些苯教寺院，有了苯教僧侣。

明代中叶，苯教在德钦、中甸、维西等县的藏族、纳西族、普米族中还有一定的势力，这一时期，境内虽有藏传佛教宁玛派、噶举派等教派的流行，但苯教寺庙和苯教徒亦不少。1939年的《中甸县志》记载：“中甸县在明中叶喇嘛教即已盛行，惟其时仅有红教，亦间有奉行黑教或白教者，其后西藏教皇派来举马倾则一员，管理僧民，征送粮税，始有黄教喇嘛。”①

在香格里拉藏族民间喜庆集会的诵词“吹舍”（颂教）中有云：“最古之教，专擅杀生。血肉为祭……上祭天神，下祭水神，中祭厉神。真诚佛教，不皈不闻……哀我众生，受苦至深……信仰佛教，弘扬佛法，供奉黑帽春云笃杰，红帽春云汪学、阶汪农布诸神。噶举真谛，遐迩布闻，多降甘露，岁稔年丰，人畜安康。”由此可知，当时各教派虽有斗争，但都有一定势力。到清代，清廷独树格鲁派，苯教日趋衰落，其残余便移退到木里、盐源、宁蒗的永宁等地。直至现在，中甸境内还有少数苯教徒，不过已无寺庙。

苯教在迪庆境内藏族、纳西族和普米族等民族中长期传播，逐渐形成了具有地方特点、民族特点的原始宗教。

贞观年间，吐蕃军队进入迪庆地区，吐蕃人和苏毗人都崇信苯教，而且当时军中由苯教师主持军中法事。8世纪，吐蕃王朝兴佛抑苯，特别是藏王赤松德赞时期（755—797年），出现了“大蕃”和“蕃”的称谓，吐蕃王朝版图才有了西藏和原西康的全部，是时迪庆亦在“大蕃”的范围。赤松德赞在兴佛过程中采取了排除反佛势力、迎请显密大师、修建桑耶寺、剃度藏僧、取缔苯教、在政治上树立佛教的主体地位、培养人才翻译佛经等许多具有历史意义的措施，佛教开始在吐蕃广泛传播并兴盛。因他为藏传佛教的弘扬所起的极为重要的作

①云南省中甸县地方编纂委员会编著：《中甸县志》，昆明，云南民族出版社，1997。

用，他与松赞干布、赤祖德赞被后世尊为“吐蕃三法王”。在他在位期间，推行严厉的灭苯措施，一些苯教徒逃到川、滇交界的今迪庆及宁蒗、木里等藏族、纳西族人民居住区域。元和年间吐蕃赞普赤热巴巾（815—838 年）大力崇佛，广建寺院，允许僧侣参政并代表吐蕃与唐和盟，推行“七户养僧制”，专职僧侣已在迪庆境内出现。这个时期流行于吐蕃的佛教，史称为“旧密法”，天宝元年（747 年）赞普赤德松赞从尼泊尔迎请印度佛教密宗大师莲花生到西藏传教后形成的密宗，德钦太子雪山上雨崩庙及“班玛竹颇”洞内供奉着莲花生。据传，当年莲花生到太子雪山传经，太子雪山神是一个恶神，有涂炭生灵的嗜好，莲花生降伏了该山神并化导他崇佛行善。从文化背景看，应该是莲花生或其弟子到迪庆境内化道的历史记录。该事件的历史年代似可追溯到 8 世纪左右。

《新唐书、南诏传笺证》记载：“《张胜温画卷》中所有密教诸尊，其名目与西藏略同，是南诏之佛教，实由吐蕃传入。”迪庆是吐蕃与南诏连接的孔道，这一时期，迪庆属于吐蕃的领地。

9 世纪中叶，赞普朗达玛（839—842 年）兴苯灭佛，禁止佛教流传。佛教徒携经典逃往康区避难。公元 10 世纪后期，佛教又开始传播，史称“后弘期”。这时期最流行的做法是宣传在某地掘出前期埋下的经典——“伏藏”，流传于五境乡的民间传说“猪供出大批经典”，其背景恰与 10 世纪藏传佛教再次兴盛的说法吻合。由于这时期的佛教僧侣要证明自己接受的是前期高僧的真传，所以出现了大量的关于伏藏的传说，这些传说是宁玛派前期传入的印记。

“宁玛”意为古旧，宁玛派是藏传佛教历史中最早的教派，于 10 世纪左右传入迪庆，至明清时期盛行。宁玛派因其教派僧人穿红袈裟，戴红帽，亦称为“红教”。该教派以遵循 8 世纪由莲花生传入的教法为标榜。宁玛派僧人可分为两类：第一类僧人出家入寺诵经修持，这类僧人称为“宁玛巴”；第二类僧人被称为“仓巴”或“安巴”，这些僧人没有固定的寺庙，仓巴的重要职责是为人念经念咒、禳灾祈福，其法事中多杀牲血祭，颇似苯教仪轨。宁玛派僧人有行医又传教的传统，他们懂得许多传统的秘方，自己采药、研制为丸，替人治病，深得藏民的敬仰。据史料记载，永历二十八年（1674 年）以前，中甸境内有宁玛派寺庙 90 座，德钦境内有 3 座。迪庆境内现有宁玛派寺院 4 座，分别为云登寺、英主顶寺、拖拉寺、布公寺。

“噶举”意为口传，另一种说法是“噶”乃白色之意，所以噶举派称为“白教”。噶举派是藏传佛教各派中支系最繁多的一派，迪庆境内噶举派寺院多为

昆明市西山区龙门下的元代藏文摩崖石刻六字真言（李钢 供图）

德钦县奔子栏镇达日村曲赤通元代崖壁画莲花金刚(李钢 供图)

塔布噶举系统中的噶玛巴派，主要寺院有维西县的寿国寺、来远寺、兰经寺、达摩寺、德钦县的禹功寺。噶玛巴派的两个主要活佛系统，即黑帽系和红帽系的教法，在迪庆都有传承。

11世纪中叶以后，藏传佛教各教派先后形成。宋代中期迪庆兴起以藏传佛教为主导的多元宗教。淳熙元年（1147年）以后，噶举派黑帽系一世都松钦巴到康区传教，噶举派于同期传入迪庆。绍熙三年（1192年），噶玛噶举派高僧卓衮饶钦传教到达绷波冈下部贡满（翁上），建立翁上密乘院，为迪庆（中甸）最早的噶举派寺庙。①

至元五年（1268年），藏传佛教噶举派二世噶玛巴噶玛拔希自大都到康区传教，到卡瓦格博神山闭关修行，并确定了其内、外转经路线。二世噶玛巴噶玛拔希到卡瓦格博神山闭关修行的记载与雨崩村村名由来是相印证的。“雨崩”在藏语中意为“掘出伏藏经卷的地方”。在下雨崩村的中心有一座无量光佛的庙宇，庙宇旁有一锥形石头，据说噶玛拔希在那里发掘出莲花生大师埋下的伏藏经卷，因此被称为“雨崩”，“雨”即藏语经卷的意思，“崩”即藏语出现的意思。此外，在民间还有一个与此相似的传说：二世噶玛巴还没到雨崩村之前就知道那里是个被柏树枝叶遮盖着的村庄，普通人并不知道它的存在。后来

①噶玛降村：《藏族万年大事记》，北京，民族出版社，2005。

二世噶玛巴来到此地，不但施法把这里示与世人，而且还掘出伏藏经卷，取名为“雨崩”，开启了雨崩这个圣地的大门。后来仲巴·南卡嘉措来此朝圣时，再次开启圣地之门，并预言说在未来将有 113 位得道高僧来此修行朝拜。在藏族苯教经典中有 24 座神山，卡瓦格博是第 23 座“念”神。对于绒赞卡瓦格博，卡瓦格博还没有成为佛教护法神之前，它是个有“赞”性的神灵（“赞”在藏语里是凶厉的意思）后来被莲花生大师降服后，成为佛教的护法，卡瓦格博成为佛教胜乐金刚的宫殿所在地，整座神山是胜乐金刚的宫殿。从此，卡瓦格博神山不仅成为噶举派圣地，也成为藏传佛教圣地，成为所有信奉藏传佛教民众的朝觐圣地，每年有数十万来自滇、川、藏、青、甘乃至尼泊尔等地的虔诚者前往朝觐转山。至今在临近“雨崩”神瀑的转山途中有还有莲花生禅修洞，朝拜者络绎不绝。

明朝，丽江木氏土司势力控制了迪庆一带，木氏土司采取了移民措施，大批纳西族杂居或聚居于迪庆一带，使纳西文化进一步融入，如修渠引水、开梯田等农业生产技术。木氏土司曾大力推崇藏传佛教，正德十一年（1516 年），木定邀请噶玛巴（黑帽系八世大宝法王）弥觉多吉造访丽江，广传佛法；万历六年（1578 年），三世达赖喇嘛索南嘉措接受木氏土司邀请到云南传教；万历三十六年（1608 年），木氏土府出资在小中甸康斯寺刊刻《甘珠尔》（丽江理塘版），木氏土司还在小中甸建有木土司城堡，城中藏《甘珠尔》木刻本。木氏土司对藏传佛教的推崇，使明代的纳西族土司在今迪庆境内的统治势力亦得到巩固，也使藏族文化和纳西族文化有了更多相互融合的契机。

德钦县云岭乡西当村雨崩莲花生禅修洞

德钦县云岭乡西当村伏藏雨崩石

香格里拉市小中甸镇木土司城堡遗址留存的明代石狮

格鲁派兴起于15世纪末叶，是在宗喀巴进行宗教改革的基础上建立起来的。“格鲁”是善规和善律的意思，因倡导并注重严守戒律而得名。又因僧人都戴黄帽，汉语亦称“黄教”。

据《明实录》记载，万历六年（1578年），三世达赖喇嘛索南嘉措接受丽江土司木氏邀请到云南传教。之后，他又于万历八年（1580年）到康区的巴塘、理塘一带传教，并由木土司做大施主，主持修建了理塘“长青春科尔寺”。这是格鲁派传入迪庆线路之一——西藏线。由于理塘已建成格鲁派大寺，康区巴塘、理塘和建塘（中甸）地域犬牙交错，连成一片，人称“三塘”的区域内格鲁派僧侣传教就方便多了。《红坡寺如意宝瓶底薄》记载：“红坡寺东竹林寺原系噶举派寺院，当时东竹林寺内有格鲁派出家人在彼修行。”这则记载说的是崇祯十三年（1640年）以前的情况。当时的格鲁派出家人显系来自理塘等地。故格鲁派传入迪庆路线之二——康区巴塘、理塘。

康熙十三年（1674年），以甲夏寺为首的反黄教势力发生叛乱，五世达赖喇嘛和和硕特部发兵平叛后，中甸成为五世达赖喇嘛的香火地，此次宗教变革促进了格鲁派各大寺院在迪庆的建立。

康熙十五年至十七年（1676年—1678年），五世达赖颁旨恢复“噶丹羊八景林（红坡寺）”“噶丹德钦林”“噶丹东竹林”，并于康熙十八年（1679年）

松赞林寺

新建“噶丹松赞林”。松赞林寺、东竹林寺等格鲁派大寺院得到云南巡抚及清朝历代皇帝的垂青和多次赏赐，拥有极为尊崇的地位，在政治经济领域享有许多特权，在此后三百年中得到了较大的发展。广布于迪庆民间的许多庙宇、祠堂基本修建于清中后期。这一时期迪庆境内藏传佛教文化在民间极为盛行，作为佛教圣物之一的擦擦也在民间广泛流传，并出现了专门放置擦擦的“擦康”。

萨迦派在迪庆仅在边远地区流传，目前仅有德钦县佛山乡江坡村说打、玖农一带有流传。

藏传佛教不仅深刻影响西藏整个社会的政治、经济和文化，而且还广泛传播到迪庆境内，为藏族、纳西族、普米族所信仰并对他们的政治思想、文化艺术、生活习俗产生了深刻的影响。

三、擦擦所属的历史年代

通过梳理迪庆历史发展进程和藏传佛教文化的发展历史，借鉴前人对擦擦的研究成果，以广布于迪庆民间的庙宇、祠堂修建时期和此次擦擦调查发现为实证，笔者认为迪庆境内擦擦所属历史年代与其他地区藏族居住区域所发现的擦擦历史年代基本一致。唐宋时期，擦擦作为皇室和寺院的圣物仅在皇家庙宇和寺院中供奉，元明清时期擦擦作为藏传佛教圣物在民间盛行。擦擦作为藏传佛教圣物，早期源于寺院，是僧众的一种修行工具，僧众在修行时为增加功德，需要建几十万甚至几百万佛塔及佛像，但在现实中很难完成。于是出现塔擦及佛像擦来替代真正的佛塔及佛像，成为制作者的发愿和观想对象。

明清时期，随着佛教文化的繁荣，擦擦因便于携带而流出院庙，在民间广泛制作并被供奉。普通民众或信教群众为了祈求平安吉祥、家族兴旺，或为家人、亲友祈福甚至是生老病死、赎过还愿、消灾除邪等，均会制作擦擦并供奉，故而明清时期擦擦在民间盛行，并延续至今。

藏传佛教信徒十分崇尚擦擦，也非常喜欢制作擦擦，有些寺院的僧侣是制作擦擦的能手，有些民间艺人为积善业终生以制作擦擦为职业。制作擦擦者多为民间生活贫寒的人，他们把制作擦擦当做一种谋生的手段，因为在制作擦擦时，朝佛传经者会不断给他们施舍财物。由于制作擦擦的模具体积小，便于携带，其基本原料泥土又随地可取，所以，制作擦擦的工艺随着游方僧人或民间艺人的足迹流传四方，这也是擦擦艺术在藏族居住区域得以广泛流传的主要原因。

第三章 擦擦的制作技艺及制作模具

宗教器物的制作往往有着严格的仪轨，擦擦也不例外。图齐在《梵天佛地》一书中提到两个文献，一份是普桑（Poussin）校勘的“Qd ikai 米 ikapi^adipa”（《初业者灯》），另一份是夏斯特里（Shastri）出版的约 8 世纪无上瑜珈上师不二金刚（Advayavajra）的“Kud32w in irghdtana”（《除灭恶见》）中的段落。这两个文献都描述了同一种仪轨，称作“摹制一切仪轨”（sarvakatdfanavidhi），藏文译为“摹制擦擦仪轨”（tsha tsha gdab pa′ l cho ga）。每个步骤都有相应的咒语，分为十步：

第一步，取土，并诵咒。

第二步，成型，并诵咒。

第一步，抹油，为便于下一步用模具翻制擦擦时图案压印得清晰并便于剥离。并诵咒。

第四步，印模，并诵咒。

第五步，Qkowana. 可能是压印，并诵咒。

第六步，Qkar2aza. 召请擦擦上的天众或压印陀罗尼中涉及的天众，并将天众的加 持力驻入其中，并诵咒。

第七步，Sthapana. 使召请的天众按住擦擦，并诵咒。

第八步，开光，并诵咒。

第九步，Visarjana 开光后请天众回归本处，并诵咒。

第十步，酬谢因咒语召请降临的天众，补充仪轨中可能的疏漏，并诵咒。

同样的仪轨在《丹珠尔》中也有描述，内容基本相同。[①]而将制作“擦擦”的仪轨描述最为详细者有二，其中一种为天息灾译《一切如来大秘密王未曾有最上微妙大曼拏罗经卷第五》，程序依次为：取泥入手作团（念作团真言）、

---

①李翎：《擦擦与善业泥》，载《中国美术研究第 6 辑》（1994—2020）。

采访英主顶寺堪布西主尼玛（左一）

采访羊拉茂顶寺僧人（右三）

将泥团入印中（念入印真言）、出印（念出印真言）、庄严（念庄严真言）、安置（念安像真言）……在安置佛像后还有献香、献花、献花鬘、献灯、回向等多道程序，每道程序皆需念不同真言，极为繁复。

通过对寺庙高僧的采访，迪庆的擦擦制作也有相应的仪轨。迪庆擦擦的制作主要有挖土、取土、净土、用水、混揉、击打、成型、抹油、压印、脱模、装藏、上色等几道工序。在制作擦擦的每一道工序中，都要举行庄重的仪式。

第一节 擦擦的制作技艺

制作擦擦没有固定的时间，有的地方会在春节之后制作，有的地方会在建白塔时制作。藏历四月是佛月，藏语称“萨嘎达瓦”，它与佛陀一生中三件重要的大事联系在一起，即诞生、成道、涅槃，是个三期同庆的吉祥时节。各地藏族信教群众，在这个月中，都要朝佛念经，磕长头，禁屠宰，积功德。因此，每年的“萨噶达瓦”是制作擦擦的最好时节。

2022 年 6 月 1 日，即藏历四月初二，我们调查记录了松赞林寺扎雅康参六名沙弥制作擦擦的过程。

按佛教的规矩，接受入寺剃度的僧人还不能算是一名正式僧人，他还要接受受戒剃度。僧人受戒分为两等，一是受沙弥戒，二是受比丘戒。受沙弥戒的剃度仪式一般在寺举行，由活佛或格西主持，受沙弥戒后的僧人被称为“班鸟”。接受沙弥戒后，若继续为僧，到了一定的时候还要接受比丘戒，即具足戒或称为圆满戒。接受比丘戒的年龄，按例要年满二十岁，但也有十七八岁的。各寺院的僧人接受比丘戒时，一般需到西藏或四川的宗主寺院受戒，受比丘戒后的僧人被称为“格隆”。按松赞林寺的规矩，从沙弥升到比丘要在寺院中学习十年，在此期间，每年萨嘎达瓦时都要制作一次擦擦作为学习的必修功课。

做擦擦的土，是从松赞林寺山后的出水处取来的。在松赞林寺僧人普卡英则的教学下，小沙弥们开始制作擦擦。制作擦擦分为以下几个步骤：

一、取土

六名沙弥到松赞林寺山后山取土，他们选用后山上干净的具有黏性且无杂质的细灰土，背回寺中备用。

二、晒土、舂土

将土晒干后用木槌将土舂碎备用。

三、筛土

用较细的筛子筛土，去掉粗土粒和杂质，留细土粒。

四、和土

用清水和土，倒入少量牛奶、藏酒、茶水以及柏树粉等，搅拌成适合泥塑的泥团，并用木槌击打泥团，使泥与水及所倒入的牛奶、藏酒、柏树粉等混合均匀，增加土的黏性。泥团揉到软硬均匀不沾手后，置于阴凉处醒泥，然后才成为可以用来制作“擦擦”的泥料。

和土

五、压模

压模前先用香油涂抹模具的内壁，防止模具黏土，确保擦擦正面的光滑。从和好的泥团中取出大小适中的泥，作团并装入模具内，用手拍打、挤压成形，使泥均匀黏附在模具内壁。用力要均匀而有韧性，如此，泥团上就会印出完整、精细的造像。

给模具上油

六、脱模

将印制好的“擦擦”脱模，放置于阴凉通风处阴干后，把因模具冲压而溢出的泥、杂质等，用金属工具修裁整齐，必要的地方可以用锉刀进行锉磨。

七、装藏

图齐在《梵天佛地》中提到：“（擦擦）因各种因缘而掺入青稞或小麦也不稀罕，他们或用于开光、或用于祈求丰年、或用于还愿。后者是为了给越来越因邪恶而形容枯槁、因饥荒而毁灭、被死神横扫的后人以昭示：在人们还没有如此堕落的远古，众神曾以丰产裕收恩惠过他们。”① 擦擦半干时在背面粘贴上活佛高僧加持的五谷、吉祥物、圣物或活佛高僧穿用过的衣物小片，作为擦擦的灵性之物。

八、上色

擦擦外表的色彩装饰一般为泥质本色，也可涂以各种色彩，如圆雕锥体形擦擦多涂以白色，神佛像则多用

压模

脱模

装藏

德钦县升平镇阿东村此里金安修行洞装藏塔擦

香格里拉市东旺乡公松擦擦洞装藏塔擦

①图齐：《梵天佛地》（第一卷），32—33页，上海，上海古籍出版社，2009。

金色、红色、蓝色或土红色，使擦擦既有浓烈的宗教神秘色彩，又有一种妙趣横生的形式之美。擦擦的颜色因各地土色不同而有所差异，迪庆州博物馆馆藏的西藏古格擦擦的颜色基本为白色或灰白色，青海的擦擦为黑色。在此次调查中发现德钦县佛山乡说打的擦擦呈现褐色，维西县巴迪乡结义的擦擦为红色。有的地方还会在泥中混合糌粑，如东旺公松擦擦洞的擦擦，赤土仙人洞的擦擦在装藏青稞的下面会铺一层盐，防虫蛀蚀。

九、开光

擦擦制成之后，必须经有一定学识和地位的高僧开光以后方可成为正式崇拜物，否则依然是一般的艺术品。举行开光仪式绝不仅仅是为了一件新擦擦，一般是针对许多佛教圣物。无论仪式繁简、规模大小，其过程必须依照规定的仪轨去进行，必须由经过灌顶、闭关的僧人，在执事的主持下共同完成开光请神安住的法事活动。

十、供奉

开光后的擦擦有些便直接供奉在寺院，有的作为装藏放入佛塔和佛像内部，作为诸佛身、语、意功德事业的依附之物；有的堆放在山洞里、山上的巨石旁、路口的玛尼堆处，常年与风马旗、玛尼石刻、经幡在一起，受着朝圣者的香火和顶礼。

开光仪式由格西和普卡英则主持，

上色

德钦县佛山乡纳古上色擦擦

开光

开光

供奉

将擦擦供奉到“崇取生”的山洞

供奉

用于开光的法器由金刚杵、金刚铃、净水瓶、浴佛镜、顶骨、净水碗、酥油灯、五谷、哈达等组成。

开光结束后，沙弥们手托开光的擦擦，口诵《缘悲赞》[①]，从扎雅康参往南绕拉姆央措湖到“崇取生”供奉擦擦。拉姆央措湖位于松赞林寺对面，藏语意为“圣母灵魂湖”，为著名的女神班丹拉姆（吉祥天母）的寄魂湖。“崇取生”山形酷似巨鳌，“崇”意为海螺，相传在此山脚下曾出现一对自然白螺，是松赞林寺的镇寺之宝之一。传说此山为班丹拉姆门下的一位鳌头护法神的神山，山腹中有一股常年不枯的小溪，出水清澈洁净，不受任何污染，所以每到藏历初一、十五或是有重大佛事活动的时候，僧侣和百姓都要到此取水作煨桑时使用。现山洞中没有出水，已成为松赞林寺僧人和附近百姓供奉擦擦的地方。供奉擦擦后，沙弥们在山洞旁打坐诵经“回向”。“回向”是一个佛教用语，是佛教修学过程中非常重要的一种修行行为，是将自己所修的功德、智慧、善行、善知识，“回”转归“向”与法界众生同享，以拓开自己的心胸，并且使功德有明确的方向而不至于散失。一般佛教里诵经、早晚课念诵，或者寺院里有超度和消灾吉祥法会，最后都要进行“回向”，如此才会有功德。

①《缘悲赞》是宗喀巴大师的赞文，诵唱以表示对宗喀巴大师的尊敬。

诵经“回向”

第二节 擦擦的制作模具

法国藏学家鲁米尔·吉塞尔对《西藏艺术》[①]一书曾这样评价：“用泥土制作的西藏微型浮雕，藏语称为‘擦擦’，特别使人感到兴趣，令人感动。这些小浮雕描绘出了受人崇拜的佛和圣贤的各种精微的形象，有的只有在显微镜下才能看到三维空间。藏族雕塑家的表现手法高超，甚至连细枝末节都刻画得相当精致。”的确，擦擦作为小型的佛教艺术品，大者盈尺，小者不过方寸，因而它最大的美学特征就在于人物刻画的细腻入微与精巧传神。要想制作精美的擦擦，首先必须制作一个精美的、符合造像法度的模具。模具造型的好坏、质量的高低，都取决于工匠水平的高低。通常模具的制造者是寺院里有工巧技能的僧人或上师，但有时民间的工匠艺人也制作擦擦模具。

①熊文彬：《西藏艺术》，北京，五洲传播出版社，2002。

擦擦的模具，常见的一般为铜质、铁质、木质和陶质。衡量一件擦擦作品的艺术水准，其根本主要在于擦擦模具的雕刻与铸造水平。擦擦模具制作的第一步是用泥塑造模型，然后以铜或铁进行翻砂精细铸造，此时模具基本成型。而后对模具的佛像造型与纹饰进行修补和錾刻。由于模具的铜材质地较软，为了避免因为印制“擦擦”时高强度敲打出现的模具变形，所以最后一道工序是给铸造好的模具外围套上铁环或铁套以及木柄。

早期擦擦是用印模压印在泥团表面，周边挤压出不均匀的边缘。晚期则使用模具，将泥团放入模具中，周边不再有挤出的泥沿。

一、陶质模具

陶质模具用于压印，下文中的图片是 2020 年云南省文物古迹考古研究所主持发掘的五指山遗址中出土的陶质擦擦模具，属于早期擦擦。

迪庆境内的擦擦模具主要有单模、双模两大类，单模又分为平板式模具和周延凸起式模具。平板式模具制作擦擦时，直接将模具印压在泥团上，正面周缘多因按印用力形成向上翻起的泥沿，不加修整。背面弧凸，留有清晰的掌印纹。周延凸起式的模具制作的擦擦，周边比较规整。而双模制作的擦擦多为立体尊像，可以直接立于平面上，在修行时便于观想。双模具在德钦县霞若乡夏衮林寺（霞若安曲）保存较多，陶质；刻画细致，多为高僧大师造像。

大理五指山遗址出土的泥质擦擦模具（正面）

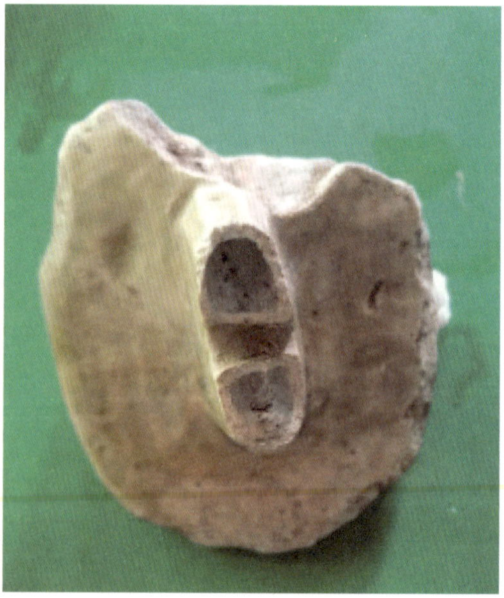

大理五指山遗址出土的泥质擦擦模具（背面）

佛塔与真言模具

18—19 世纪 通高 4 厘米 最宽处 11 厘米 厚 2 厘米 陶质

德钦县霞若乡粗卡通村夏衮林寺收藏

阎魔敌模具

18—19 世纪 通高 10 厘米 底宽 8 厘米 厚 2 厘米 陶质
德钦县霞若乡粗卡通村夏衮林寺收藏

四臂观音模具

18—19 世纪 通高 10 厘米 底宽 8 厘米 厚 2 厘米 陶质
德钦县霞若乡粗卡通村夏衮林寺收藏

金刚亥母模具

18—19 世纪 通高 5.5 厘米 底宽 4.5 厘米 厚 1.5 厘米 陶质

德钦县霞若乡粗卡通村夏衮林寺收藏

宗喀巴模具

18—19 世纪 通高 7.9 厘米 底宽 5.5 厘米 厚 3 厘米 陶质

德钦县霞若乡粗卡通村夏衮林寺收藏

上师模具

18—19 世纪 通高 7.5 厘米 底宽 9 厘米 厚 3 厘米 陶质

德钦县霞若乡粗卡通村夏衮林寺收藏

四臂观音模具

18—19 世纪 通高 9 厘米 底宽 8 厘米 厚 2 厘米 陶质

德钦县霞若乡粗卡通村夏衮林寺收藏

宗喀巴双模具

18—19 世纪 通高 23 厘米 底宽 13.5 厘米 厚 3 厘米 陶质
德钦县霞若乡粗卡通村夏衮林寺收藏

二、泥质模具

这次调查中仅在德钦县佛山乡江坡村玖农组培丁更曲林发现一组泥塑像装饰物的泥质模具。

德钦县佛山乡江坡村玖农组培丁更曲林

花形模具

20 世纪 通高 20 厘米 泥质

德钦县佛山乡江坡村玖农组培丁更曲林收藏

珠宝形模具（一）

20 世纪 通高 14 厘米 泥质

德钦县佛山乡江坡村玖农组培丁更曲林收藏

珠宝形模具（二）

20 世纪 通高 12.5 厘米 泥质

德钦县佛山乡江坡村玖农组培丁更曲林收藏

莲瓣形模具
20 世纪 通高 17 厘米 泥质
德钦县佛山乡江坡村玖农组培丁更曲林收藏

挂饰形模具
20 世纪 通高 25.5 厘米 泥质
德钦县佛山乡江坡村培丁更曲林收藏

三、铁质模具

这次调查中仅在香格里拉市尼西乡开古村发现一件八塔铁质模具，因锈化严重被供奉在开古村的白塔上。

八塔模具（一）
18—19 世纪 通高 8 厘米 底径 5.2 厘米 铁质
香格里拉市尼西乡开古村收藏

四、铜质模具

铜质模具是这次调查中发现最多的，均为私人收藏。这些模具雕刻有各种持咒、箴言、塔和神佛像，模具的材质越耐久越好，这样制作者才能完成更多、更大的“功德”。一般金属模具的背面有钮或柄，便于把握和携带，有些铜模具还会焊接较长的铁柄，有的模具有銎，用来安装木柄。这两种柄的顶端都有明显的锤打痕迹，是用来反扣泥片，用锤击法制作擦擦。

这次调查中发现10件铜模具，其中德钦县羊拉乡4件，分别为羊拉村玖农组私人收藏有1件带木柄长寿三尊铜模具，由其长辈留传，茂顶村私人收藏有3件长寿三尊铜模具，其中2件带木柄，一件带铜柄；香格里拉市洛吉乡尼汝村发现3件，分别为私人收藏的八塔铜模具；维西县发现3件，分别为来远寺收藏的百塔铜模具、莲花生铜模具和来远寺僧人收藏的百塔铜模具。

八塔模具（二）

18—19世纪 铜质

从左到右依次为1号模具，通高7厘米，口径4厘米；2号模具，通高5.2厘米，口径3.7厘米；3号模具，通高9.5厘米，口径6厘米。1号和2号模具为香格里拉市洛吉乡尼汝村私人收藏，3号模具为同村私人收藏。

百塔模具（一）

19—20 世纪 通高 11 厘米 口径 9 厘米 铜质

维西县塔城镇巴珠村私人收藏

百塔模具（二）

20 世纪 通高 12 厘米 口径 8.5 厘米 铜质

维西县来远寺收藏

长寿三尊模具（一）

18—19 世纪 总长 17.8 厘米 口径 5 厘米 铜厚 0.5 厘米 木柄长 10 厘米 铜质
德钦县羊拉乡羊拉村玖农组私人收藏

长寿三尊模具（二）

19—20 世纪 总长 15 厘米 口径 5 厘米 厚 0.5 厘米 木柄长 10 厘米 铜质
德钦县羊拉乡茂顶村私人收藏

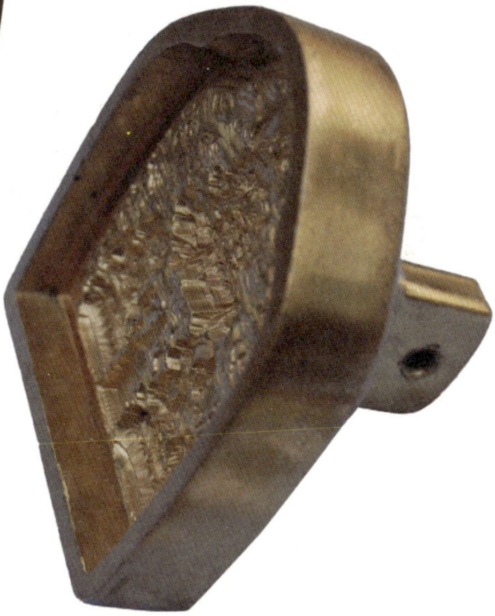

长寿三尊模具（三）

20 世纪 总长 8 厘米 口径 7 厘米 厚 2 厘米 柄长 5 厘米 铜质

德钦县羊拉乡茂顶村私人收藏

莲花生模具
20 世纪 通高 14 厘米 铜质
维西县来远寺收藏

擦擦模具的铸造与雕刻是否美观与精细，直接影响擦擦的品质。这当中对范模制作精细的要求是有共性的，而是否美观，则取决于是否严格按照度量创造塔和佛陀形象。模具因其体型微小，翻制工艺技术和材料简便，只要一个模具便可行遍天下，随处取泥制作擦擦，为自己和信教群众积累了无量功德。

第四章 擦擦的种类及供奉方式

擦擦种类繁多，按照制作原料可分为泥擦、陶擦、骨擦、布擦、药擦、名擦、瓦当擦、意念擦（火擦、水擦、风擦）等形式。按照形制可分为塔擦和佛像擦，塔擦为立体圆雕，内容以“百塔”及“九塔”样式最为普遍；佛像擦多为平面浮雕，有少量的立体佛像擦。按照工艺可分为有素泥、彩绘和描金几种。

莲花生大师
通高 15.6 厘米 质量 0.43 千克 泥质
迪庆州博物馆收藏

第一节 质地不同的擦擦

一、泥擦

泥擦是用泥土与水混合，经过模具脱范而成，是目前存世量大、分布最广的一种擦擦。这次调查发现最多的是泥擦，因泥擦的原料均取自当地，取材简单，易于制作，在民间广泛分布。好一些的会用到陶土、炼泥、香灰。制作泥擦时，泥佛的背面要加入青稞粒、麦粒或是吉祥物之类，以表示对佛的虔诚及对美好生活的祈望。在塔擦内装入青稞、麦粒、经卷等，意为塔内装藏。

百塔擦（一）
德钦县奔子栏镇王杰村尼丁组

百塔擦（二）
德钦县掩顶乡玖拉擦康

二、骨擦

骨擦是将泥土与骨灰掺杂一起脱模而成，一般做成塔形，骨擦在这次调查有大量的发现。藏族盛行火葬，但其火葬不同于一般我们认识的火葬，他们不焚尸只烧骨。人死后，先进行土葬，按活佛打卦的日期过一年或几年后将人骨掘出火化，火化后将骨灰入泥制成擦擦。活佛或高僧圆寂后大部分都制作成骨擦，他们的骨擦一般供奉于灵塔或者转经、转山路上干净的山洞中，置入佛塔之中以期传递福泽。燕门乡英主顶寺的僧人尼玛在其上师圆寂后，就在自己修行的小房子旁边专门为上师修建灵塔，塔内装藏了用上师的骨灰做成的骨擦；奔子栏乡扎塘活佛静室（州级文物保护单位）内也有为扎塘活佛专门修建的灵塔，塔内装藏了用扎塘活佛骨灰做成的骨擦。一般人的骨擦要放至人迹罕至的干净的山洞中，这次调查中发现，维西县塔城镇巴珠村的藏族人在去世焚烧后，要取一块头盖骨制作骨擦，放置在干净的崖壁下（擦擦洞位于山腰石壁下，周围白鲁、贯农、达龙农、叶久五个村民小组的擦擦都供奉于此。巴珠村的藏族行火葬，葬礼当天请达摩祖师洞僧人到家中诵经，火葬结束后取一片头骨制作一个擦擦供奉于洞中。巴珠的擦擦有一个较大的底座，是手工捏制的，上放置一个用模具制作的塔擦。将二者合二为一后，放于一块木板上，再由两名男子抬至擦擦洞。据村民介绍，这个擦擦洞已有四五百年的历史）。德钦县奔子栏镇夺通村松德贡村民小组的藏族人在去世焚烧后，也要取一块头盖骨制作骨擦，放置在建于村子上方的擦康中。

德钦县奔子栏镇夺通村松德贡擦擦洞中的骨擦

骨擦

维西县塔城镇巴珠村

三、药擦

药擦是按照藏医书中记载的方法制造的，主要原料为藏红花、麝香、植香、肉豆蔻、野丁香等名贵药材，掺加草果、樟脑、沉香、芸香、黑香、白芸香、茯苓、冬青子等药材，炮制成粉并调和成泥状加工而成。药擦体量较小，随身佩戴，生病时可取下服用，一般放置于佛龛或随身佩戴的嘎乌中。这次调查中在与德钦县英主顶寺堪布西主尼玛访谈时，发现他随身佩戴有一个嘎乌，他说内有一个文殊菩萨的药擦，既可当护身符又可当药服用；在羊拉乡调查时，格亚顶村村民斯某介绍，他家的护身嘎乌中也装有药擦。

德钦县英主顶寺堪布西主尼玛随身佩戴嘎乌（护身符）

四、布擦

按照藏传佛教的仪轨和传统，一些在教派中学识渊博、德高望重的活佛高僧（如格鲁派的达赖和班禅）圆寂后实行塔葬。塔葬之先，须将大师法体用盐、藏红花等珍贵药品进行脱水处理，方可塑成金身，安放于金、银灵塔塔瓶内，供后世瞻仰。布擦是用处理大活佛法身时的血水，掺盐、藏红花和其他名贵药物与泥混合制成的擦擦，“布”为法体之意，“擦”为泥佛。这是最珍贵的擦擦，除有礼敬活佛的意思之外，人们相信还有赐福和护身之功效。据说若能带上此种擦擦作为护身符，可抵挡一切邪恶，确保吉祥平安。因为这些圆寂的大活佛，仅限于藏传佛教史上的著名领袖人物。所以布擦在藏族人心目中具有非常神圣的地位，一般人很难得到。历史上也只有活佛的亲属及官员、贵族才能受赐。这次调查中没有发现布擦。

五、陶擦

为了让神佛的造遗像保持长久，还可将脱模擦擦烧成陶制品。陶质擦擦有别于一般的泥质擦擦，由于经过烧制硬度较高，不易产生磨损。陶擦在此次调查中发现的数量不多，升平镇阿东村娘义社、许荣社擦康发现 7 个陶擦（2 个塔擦、5 个佛像擦）；拖顶乡德古龙擦康发现 2 个陶擦（1 个千手观音、1 个塔擦）；羊拉乡格亚顶私人收藏 4 个塔擦；云岭乡斯农白塔擦康发现 1 个佛像陶擦；霞若乡夏衮林寺擦康内发现 2 个陶擦；奔子栏石义擦康发现 1 个佛像陶擦；奔子栏镇娘举贡民居建筑的经堂内有 1 个佛像陶擦和 2 个塔擦。

塔擦

德钦县升平镇阿东村娘义社和许荣村民小组擦康

时轮金刚
德钦县奔子栏镇玉杰村石义擦康

尊像擦
德钦县升平镇阿东村娘义社和许宗村民小组擦康

吉祥天母

德钦县升平镇阿东村娘义社和许荣村民小组擦康

四川省阿坝藏族羌族自治州阿坝县格尔登寺外做水擦祈福（丁兰 供图）

六、意念擦

藏传佛教的信教群众相信一切物质都有灵气，水、火、风也可以作为制作擦擦的材料，从而制成水擦、火擦和风擦。意念擦是一种非物质的擦擦，用擦擦模具不断往水里打、火里按、风里兜，在他们心中，随模具而去的是无尽的佛塔、佛像和经咒，这些看不见、摸不着，但同样被制作者精心制作和计数的擦擦，带着虔诚之心，堆放在无形的世界里，为所有人祈福。在做意念擦时，信众都会在心中默念经文。在燕门乡禹功寺，我们访谈了禹功寺寺主农布吉层活佛，据活佛介绍，以前他们也做过水擦，就是将水装入擦擦模具之后又倒出，即寓意制作了一次水擦，如此反复，就可以制作几万甚至几十万、几百万的擦擦。水擦、火擦、风擦制作功德与一般擦擦的制作功德一般无二，是僧尼修行的一种方式，属于意念的范畴。

第二节 不同表现题材的擦擦

擦擦的表现题材都是佛教内容，是高深莫测的佛教哲理、教义教规的艺术化、形象化、大众化的再现。

藏传佛教中佛像为佛身凭依之处，佛经、咒语为佛语凭依之处，佛塔为佛意凭依之处，表现以上内容的擦擦称作三依处擦擦。在藏传佛教信徒心目中，供奉这种有身、语、意三根于一品，集中表现了佛像、经咒、佛塔三种内容的擦擦，有能生、增生、吉祥如意的寓意。擦擦表现题材的内容大致可以分为佛塔类、神佛尊像造像类、经咒图符类，这三类擦擦在表现形式和题材内容上又往往兼而有之。如佛塔类的圆雕擦擦上有以浮雕手法表现的经咒图符内容，平面呈高浮雕或浅浮雕的经咒图符类擦擦也兼有佛塔、神佛的造型，在使擦擦的表现内涵更为丰富的同时，也从表现形式上强化了擦擦艺术的装饰性、文化性和形式美感。

所有的擦擦在制作形式上可分为单模具制作的浮雕和双模具制作的圆雕两种，其形制规格有大有小、有圆有方，尺寸没有严格的限定，基本是根据制作者或供养人的喜好决定的。

根据调查，迪庆的擦擦可分为塔擦、尊像擦两大类，其中的塔擦又可分为八塔擦和百塔擦，以百塔擦居多；尊像擦又可分为佛造像擦、菩萨造像擦、护法造像擦和祖师造像擦。在这次调查中在德钦县佛山乡江坡村培丁更曲林发现一批泥塑菩萨像的泥装饰件，因它们不属于擦擦的范畴，在调查点中没有记录。这批泥塑菩萨像的泥装饰件在整个调查过程中仅在培丁更曲林有发现，在下文中作单独的描述。

一、塔擦

塔擦随佛教文化的传入而在藏传佛教传播区域广泛传承，其表佛意的作用体现得十分明显。无论是南传佛教流行的“四相成道”题材的四塔擦，还是北传佛教流行的“八相成道”题材的八塔擦，在西藏、川西北、滇西北、甘肃甘南、青海、内蒙古等藏传佛教传播区域内均有出土和传世品的发现。同时也是藏族信教群众不停地打制新擦擦的重要内容。

藏传佛教认为，塔有“身之塔”“语之塔”和“意之塔”三种，“身之塔”代表佛陀、菩提萨埵或大喇嘛的化身；“语之塔”代表一切有文字的东西、佛教的训教或经文；“意之塔”则代表佛教的基本真谛和空寂明净。藏式佛塔从形制上可以分为叠莲塔、菩提塔、祥和塔、殊胜塔、涅槃塔、神变塔、天降塔、吉祥多门塔八类，代表着佛陀一生不同的八个阶段或八种境界。因此，擦擦反映和表现的塔主要是“意之塔”，修造这种塔的目的是为了体现佛陀及那些由于禁欲苦行而意识到佛身的再生之人的基本精髓。因此，佛塔类造型是“擦擦”艺术表现的主要内容，尤其是“天降塔”和“菩提塔”，刻有《般若波罗蜜多经》经咒或六字真言。

此次调查发现的塔擦均为立体圆雕，以百塔擦擦及八塔擦擦最为普遍。百塔擦擦的样式为圆雕锥形，最下方一周饰有莲花瓣，锥体周围覆五层小佛塔，从下至上，第一层为29座小佛塔，第二层有26座小佛塔，第三层有24座小佛塔，第四层有21座小佛塔，第五层有8座稍大且有方形佛塔样式的小佛塔，共计108座小塔，故称为“百塔擦擦”；八塔擦擦也是圆雕锥形，锥体最下沿饰一圈莲花瓣，锥体周围覆八座佛塔，故称“八塔擦擦”。此次调查中发现所有擦擦放置点都有塔擦，部分塔擦还涂有颜色，涂金色最多，也有涂黄色、蓝色、绿色等各种颜色。在这次调查中发现的塔擦以香格里拉市东旺乡上游村色央统炯打嘎擦擦洞的塔擦最大，尺寸高16厘米，底径10厘米；德钦县霞若乡四卡村塔擦最小，尺寸为高2厘米，底径2.4厘米。

佛塔与尊像

15 世纪 通高 11 厘米 底径 13.5 厘米 泥质

德钦县奔子栏镇奔子栏村私人收藏

圆雕百塔（一）

20 世纪 通高 16 厘米 底径 10 厘米 泥质

香格里拉市东旺乡上游村色央统炯打嘎擦擦洞

圆雕百塔（二）
20 世纪 通高 7 厘米 底径 7.8 厘米 泥质
香格里拉市建塘镇吉迪村惜归擦擦洞

圆雕百塔（三）

20 世纪 通高 7 厘米 底径 4.3 厘米 座高 2 厘米 泥质
香格里拉市五境乡吉仁村恩拉布顶擦康

圆雕百塔（四）
19 世纪 通高 9.6 厘米 泥质
德钦县云岭乡红坡擦康

圆雕百塔（五）

19 世纪 通高 11.5 厘米 底径 7 厘米 座高 6.5 厘米 泥质
德钦县升平镇阿东村子都擦康

圆雕百塔（六）

19 世纪 通高 4 厘米 底径 4.5 厘米 泥质

德钦县升平镇阿东村此里金安修行洞

圆雕百塔（七）

20 世纪 通高 15 厘米 底径 6 厘米 座高 11 厘米 泥质

德钦县羊拉乡茂顶村格亚顶私人收藏

圆雕泥金百塔

21 世纪 通高 8.5 厘米底径 7 厘米 泥质

圆雕八塔（一）

19 世纪 通高 13.5 厘米 底径 13 厘米 陶质
德钦县奔子栏镇奔子栏村私人收藏

圆雕八塔（二）

19世纪 通高4厘米 底径4.5厘米 底座1.5厘米 泥质

德钦县羊拉乡玖农村玖农擦康

圆雕八塔（三）

20 世纪 通高 8 厘米 底径 6.5 厘米 座高 3 厘米 泥质
香格里拉市东旺乡上游村咱珍擦擦洞

圆雕八塔（四）

18—19 世纪 通高 6 厘米 底径 5.2 厘米 座高 2 厘米 泥质
香格里拉市东旺乡胜利村公松 1 号擦擦洞

圆雕八塔（五）

18—19 世纪 通高 10 厘米 底径 9.5 厘米 泥质

香格里拉市东旺乡中心村昌娘 1 号擦康

圆雕八塔（六）

20 世纪 通高 4.5 厘米 底径 4.5 厘米 座高 1.2 厘米 泥质
香格里拉市建塘镇吉迪村惜归擦擦洞

圆雕八塔（七）

18 世纪 通高 6.8 厘米 底径 4.5 厘米 座高 3.5 厘米 泥质
德钦县燕门乡禹功村 2 号擦康

圆雕八塔（八）

19—20 世纪 高 6 厘米 底径 6 厘米 座高 2.8 厘米 泥质

香格里拉市五境乡仓觉村农仁擦擦洞

圆雕八塔（九）

19 世纪 通高 4.4 厘米 底径 5.8 厘米 泥质

德钦县佛山乡溜筒江红仁 1 号擦康

圆雕八塔（十）

20 世纪 通高 8.5 厘米 底径 9.5 厘米 泥质

德钦县燕门乡禹功 1 号擦康

圆雕八塔（一组）

20 世纪 通高 2 厘米 底径 2.4 厘米 泥质

德钦县霞若乡粗卡通村四卡擦擦洞

圆雕佛塔与装藏经卷
20 世纪 通高 11 厘米 底径 8.5 厘米 泥质
德钦县燕门乡禹功 1 号擦康

二、尊像擦

尊像擦是擦擦艺术中最生动精美的部分，按佛教造像的类别可分为佛造像擦、菩萨造像擦、金刚（护法）造像擦、高僧造像擦等。佛造像类有释迦牟尼佛、长寿佛、五方佛、弥勒佛、无量寿佛、金刚萨埵等，画面静中有动，富有节奏，描绘出了神佛和圣贤的精微形象；菩萨造像类有观音、文殊、金刚手等，既有浓烈的宗教神秘色彩，又有一种妙趣横生的形式之美；金刚（护法）造像类有金刚勇识、喜金刚、胜乐金刚、时轮金刚、大威德金刚、四臂护法神、六臂护法神、金刚手、宝帐怙主、持国天王、不动明王、象鼻天等，方寸之间将神态威严、动态夸张、造型各异的金刚表现得精细入微、淋漓尽致；高僧造像有莲花生、宗喀巴、十六罗汉等。同时，还有很多组合造像，如一佛二菩萨、一佛二弟子、三代法王、师徒三尊、事部三怙主等，并兼以不同形状的图符，用流畅的线条，以图文并茂的形式显示其宗教图像学的各种意义，象征着不同教派的教仪法规。

1. 佛造像擦

迪庆境内佛造像类有释迦牟尼佛、长寿佛、阿閦佛、无量寿佛等。释迦牟尼佛造像均为螺发，右手作触地印，左手作禅定印，着袒右袈裟，结跏趺坐于莲座，四周置塔。

释迦牟尼佛（一）
16 世纪 通高 9 厘米 泥质
德钦县升平镇阿东村此里金安修行洞

释迦牟尼佛（二）
20 世纪 通高 8 厘米 泥质
德钦县羊拉乡茂顶寺擦康

释迦牟尼佛与八塔

18—19 世纪 通高 8 厘米 泥质

香格里拉市东旺乡中心村昌娘 2 号擦康

无量寿佛（一）

16 世纪 通高 8 厘米 泥质

德钦县羊拉乡甲功村白玛珠普（莲花生禅修洞）

无量寿佛（二）
18 世纪 通高 9.5 厘米 泥质
香格里拉市东旺乡跃进村普丁擦康

无量寿佛（三）
19—20 世纪 通高 7.5 厘米 陶质
德钦县霞若乡粗卡通村夏衮林寺擦康

阿閦佛（一）

18—19 世纪 通高 7.7 厘米 泥质

香格里拉市东旺乡胜利村公松 1 号擦擦洞

阿閦佛（二）
20世纪 通高6厘米 泥质
德钦县拖顶乡左力村德古龙擦康

释迦牟尼佛二菩萨
17—18 世纪 通高 13 厘米 泥质
德钦县奔子栏镇娘举贡私人收藏

一佛二弟子

18—19 世纪 通高 5.3 厘米 泥质

香格里拉市东旺乡中心村昌娘 2 号擦康

三世佛

20 世纪 通高 13.4 厘米 泥质

德钦县奔子栏镇玉杰村尼丁擦康

佛像六尊

18—19 世纪 通高 7.5 厘米 泥质
香格里拉市东旺乡中心村昌娘 2 号擦康

无量寿佛、立姿菩萨与金刚手（从左至右）
18 世纪 通高 8.5 米 泥质
德钦县羊拉乡叶日村永堆擦康

长寿三尊（一）

19—20 世纪 通高 4.5 厘米 泥质敷彩

德钦县拖顶乡洛玉村尼仁 1 号擦康

长寿三尊（二）

18—19 世纪 通高 7.6 厘米 泥质

德钦县升平镇阿东村此里金安修行洞

十一面观音

18—19 世纪　通高 6.5 厘米　泥质敷彩

德钦县拖顶乡左力村德古龙擦康

四臂观音

19—20 世纪 通高 6 厘米 泥质

德钦县拖顶乡洛玉村尼仁 2 号擦康

文殊

18—19 世纪 通高 6.5 厘米 泥质

德钦县佛山乡江坡村说打帕姆乃擦擦洞

白度母

18—19 世纪 通高 3.8 厘米 泥质

德钦县升平镇阿东村此里金安修行洞

绿度母

16 世纪 通高 5.7 厘米 泥质

德钦县升平镇阿东村此里金安修行洞

尊像、佛塔与真言

18—19 通高 13 厘米 泥质

香格里拉市东旺乡中心村昌娘 2 号擦康

三怙主（一）
18—19 世纪 通高 12.8 厘米 泥质
德钦县羊拉乡玖农擦康

三怙主（二）
18—19 世纪 通高 5 厘米 泥质
香格里拉市东旺乡中心村昌娘 2 号擦康

吉祥天母

18—19 世纪 通高 5 厘米 泥质

德钦县奔子栏镇娘举贡私人收藏

金刚手（一）

20 世纪 通高 10.5 厘米 泥质

香格里拉市东旺乡跃进村阿布擦康

金刚手（二）

16 世纪 通高 9.5 厘米 泥质

德钦县羊拉乡甲功村白玛珠普（莲花生禅修洞）

金刚萨埵
18—19 世纪 通高 10 厘米 泥质
德钦县羊拉乡羊拉村玖农擦康

六臂大黑天

15 世纪 通高 7.5 厘米 泥质敷彩

德钦县奔子栏镇娘举贡私人收藏

时轮金刚

18—19 世纪 通高 5 厘米 陶质

德钦县奔子栏镇玉杰村石义擦康

胜乐金刚

19 世纪 直径 3.7 厘米 泥质泥金
德钦县奔子栏镇娘举贡私人收藏

金刚亥母、尸陀林主与上师像

19—20 世纪 通高 19.5 厘米 泥质敷彩

德钦县霞若乡粗卡通村夏衮林寺（德钦县霞若安曲）擦康

狮面佛母

20 世纪 通高 3 厘米 泥质

德钦县羊拉乡甲功村别吾擦康

空行母

19世纪 通高4.6厘米 泥质敷彩

德钦县升平镇阿东村娘义社和许荣社擦康

大威德金刚

18 世纪 通高 6.5 厘米 泥质

德钦县奔子栏镇娘举贡私人收藏

阎魔敌

20 世纪 通高 11 厘米 泥质敷彩

德钦县霞若乡粗卡通村夏衮林寺（霞若安曲）擦康

2. 祖师造像

藏密修持最重师承，必须有上师灌顶开示才能修行有成，故有“事师如佛”“师佛法僧四皈依”（在皈依三宝之前加皈依上师，为第一皈依。谓上师实为三宝之总体，皈依上师即皈依三宝）和“三根本”（一上师，为所有加持之根本；二本尊，为所有成就之根本；三空行母、护法，为所有事业之根本），“三宝”加“三根本”合称“六皈依处”。这与藏密师徒口耳相传的秘密修持方式不无关系。学密的第一步是“四加行”修法，而其中特别强调的是第一条，即皈依发心——皈依喇嘛、皈依佛、皈依法、皈依僧。其中皈依喇嘛极重要。密宗修行者须视师父为佛，尊重上师喇嘛为修法求道必不可少的先决条件。藏族谚语云：“无喇嘛上师，何以近佛？”而祖师又是开创宗派之传承上师，至为重要。因此，在擦擦中祖师造像是独立的重要题材之一。

圆雕宗喀巴
19—20 世纪 通高 18.5 厘米 泥质敷彩
德钦县霞若乡粗卡通村夏衮林寺（霞若安曲）擦康

莲花生（一）
20 世纪 通高 11 厘米 泥质泥金
德钦县羊拉乡茂顶村格亚顶私人收藏

莲花生（二）
20 世纪 通高 12 厘米 泥质
德钦县羊拉乡羊拉村散岁擦康

上师像（一）

18—19 世纪 通高 9 厘米 泥质

德钦县羊拉乡羊拉村玖农擦康

上师像（二）
19—20 世纪 通高 8.2 厘米 泥质
德钦县升平镇阿东村娘义社和许荣社擦康

上师像（三）

19—20 世纪 通高 9.5 厘米 泥质敷彩

德钦县霞若乡粗卡通村夏衮林寺（霞若安曲）擦康

第三节 擦擦的供奉方式

藏传佛教僧俗制作擦擦的目的在于积攒善业功德，作为自己愿望的寄托之物，并将其视作消灾祈福的圣物。擦擦的使用在藏传佛教寺院和藏族民间十分普及。擦擦除主要用于佛像雕塑和佛塔内部的装藏圣物外，还用于寺院的宗教法事，如建寺、建塔、佛陀纪念日、宗教节日、民间祭供祈祷仪规，僧人修行誓愿信物积累功德，部落、村寨、家族祈求人畜兴旺、五谷丰登、福运昌盛、平安吉祥，亲友远行祈求平安顺利、逢凶化吉、万事如意，家人生老病死、赎过还愿、消灾除邪、多赐善果、来世幸福等。根据各自祈祷的誓愿和自己的生辰五行决定供奉擦擦的类型和方式。

在迪庆，擦擦的供奉方式很多。早期为了行善积德但又受财力限制，所以信徒大量制作擦擦，而且专门修建了用于供奉擦擦的擦康。但近年来，由于生活水平的提高，已有财力修建白塔或者供奉佛像，使得擦擦的制作数量明显下降。一般擦擦装藏数量为数万个甚至十几万个。

擦擦主要作为佛像雕塑和佛塔内部的装藏圣物供奉于白塔和佛像雕塑内。白塔装藏一般有五层，由下而上第一层放置农具和生活用具，第二层放置粮食，第三层放置藏香或者香灰，第四层放置经书，第五层放置擦擦。德钦县禹功寺每个白塔装藏 1.3 万个塔擦。在这次调查中发现，供奉在擦康内的擦擦也很多，擦康放满擦擦后，只留一个不太大的小口，让朝圣转经的人们可以不断放置新的擦擦进去，日积月累，擦擦越聚越多，以至成千上万。部分擦康也会一次性装满后封存。藏族人认为这样绕“擦康”转一圈，就等于向佛菩萨行了无数次礼，念了无数次经，可以减轻自己的罪孽，增加福慧。除擦康外，擦擦还供奉在神山圣迹或高僧修行的山间崖壁中；在发生过自然灾害的地方放置擦擦，比如在发生山体滑坡的地方放置塔擦；擦擦也可以供奉在家中神龛或经堂里（骨擦除外），基本为佛像擦擦。有些会在房屋四角高处供奉放置擦擦，象征房屋四周都有白塔；地基周围放置塔擦，为求地基稳固。也有将擦擦供奉于寺庙大殿之中的，如五境太阳寺的大殿佛像前供奉有擦擦。还有的将制作好的擦擦（塔擦）放置到江河中，德钦县佛山乡纳古村和奔子栏镇夺通村的信教群众则将制作好的塔擦放到金沙江边的大石头上，由江水冲走。

香格里拉市赤土仙人洞
佛堂墙上供奉的擦擦

德钦县云岭乡红坡寺擦康

一、佛寺塔基

制作好的擦擦较常见的是一次性封存于佛塔的塔座中，一座稍大的佛塔可放置数万个至十几万个擦擦，也可以同佛经、佛画像、珠宝一并作为装藏放入塑像内。也有擦擦镶嵌于寺院殿堂内壁之上，或摆放于佛龛中供养。

赤尼白塔位于德钦县燕门乡禹功村，相传在释迦牟尼佛降临凡世前，在人间安排了三座水晶塔，分别为德钦县升平镇巨水村曲的登阁白塔、德钦县燕门

德钦县燕门乡禹功村赤尼白塔

将开光后的擦擦作为装藏供奉于白塔内

调查香格里拉市小中甸镇德吉林寺擦康
（2020 年 7 月 15 日）

香格里拉市小中甸镇德吉林寺擦康供奉的擦擦

乡的赤尼白塔和五台山白塔。赤尼白塔长 6.09 米，宽 6.04 米，底座高 1.07 米，塔高 8.08 米。白塔建成后将附近擦康里的擦擦全部装藏到了白塔内。

二、神山圣迹

在多山多湖的青藏高原，神山圣迹崇拜是生活在这一地域藏族人民的典型文化现象。藏族人把山看作神灵栖息的地方，因此在他们的居住区域随处可以见到祭祀山神的五彩神箭台和烟雾缭绕的煨桑台。每逢宗教节日，藏族信教群众便会围山而转，经幡飘扬，桑烟袅袅，携带着刻有六字真言的牛头和石块来到神山面前，毕恭毕敬地放置在山崖上。藏族信众认为，一切自然现象都是神灵的安排，通过祭祀祈祷、叩头诵经与神灵沟通，可以得到神灵的庇佑和帮助。他们相信这些山神拥有权力，主宰着风雨雷电，其喜怒哀乐决定着人们的吉凶祸福，甚至狩猎而得的猎物都是山神赐予的。按信仰区域划分，神山有四种类型：一是区域共同体的神山，就是被这一区域所有人信仰的神山；二是区域神山，就是几个区域或乡镇信仰的神山；三是村

梅里雪山主峰——缅茨姆

庄神山，就是一个或几个自然村信仰的神山；四是家族或家庭信仰的神山。迪庆境内神山众多，位于德钦县境内的卡瓦格博地处喜马拉雅山和横断山脉交界点（现在卡瓦格博被媒体和官方称为梅里雪山），是藏传佛教四方神山中位于南方的主神山，属于区域共同体的神山。德钦县佛山乡江坡村的说打帕姆乃为佛山、德钦、得荣等临近藏传佛教信教群众的朝圣地，德钦县奔子栏的日尼巴乌都吉、香格里拉市东旺乡的扎奔神山等为区域神山，此外，境内还分布有上百个村落级神山。据佛教说法，有缘之人都可在转神山后得如意妙果，护佑今生来世。故每年秋末冬初或宗教节日时，有大量信众在神山脚下举行祭祀神山活动，转山焚香朝拜，并在神山的转经道上供奉擦擦。

位于德钦县佛山乡江坡村说打组的说打帕姆乃擦擦点和位于香格里拉市东旺乡公松神山下的公松擦擦洞是这次调查中保存擦擦数量最多的神山圣迹。说打帕姆乃擦擦点位于巨型崖壁之下，崖壁正东为说打村。洞口宽 30 米，径深 10 米，台高 13 米。四周被植被覆盖，生态保护良好。擦擦沿崖脚分布，大部分为塔擦，也有部分佛像，周围如佛山、德钦、得荣等临近藏传佛教信教群众都会来此放置、供奉擦擦。

公松擦擦洞位于香格里拉市东旺乡胜利村公松神山下，洞面向西北，对着神山。早期只有公松组的村民来此供奉擦擦，公路修通后，周围村子及转山的信教群众也来此供奉擦擦。据尼玛泽仁讲述，这个擦擦洞已有几百年的历史。洞内主要供奉塔擦，少部分为佛像，基本为泥质。石壁上刻有玛尼石刻。洞长 45 米，高 15 米，径深 537 米。公松擦擦洞是这次调查中体量最大的擦擦洞。

德钦县佛山乡江坡村说打帕姆乃

江坡村说打帕姆乃擦擦点

香格里拉市东旺乡公松神山

香格里拉市东旺乡公松擦擦洞

香格里拉市格咱乡赤土仙人洞

赤土仙人洞位于香格里拉市格咱乡那格拉村境内，洞外有一寺庙。庙后古木参天，有长达50余米的巨型玛尼堆。赤土仙人洞的来历有一个充满藏传佛教色彩的传说。相传噶玛巴活佛周游康南传教，到赤土山时，仿佛听到山间有鼓锣之声，他坐下求卜，得知此处有未开门的仙人洞，有奇珍异宝，听到鼓乐声的人就是有缘之人。噶玛巴活佛由此想方设法开启洞门，以抛哈达择开门之处。后由其徒弟喜洛桑波将哈达抛到悬崖中间，便就地教授其徒开仙门的佛法并封他为洞主。每逢藏历正月十五日、七月十五日、十二月十五日

香格里拉市格咱乡赤土仙人洞内供奉的擦擦

为开洞的节日，香格里拉市、得荣、乡城、稻城等地藏传佛教信教群众不惜远道前来朝拜赤土仙人洞。

三、修行崖洞

擦擦除供奉神山圣迹和佛寺塔基外，还被供奉于被认为有神灵的崖洞中，这些崖洞多为藏传佛教信教群众的修行洞。这次重点调查了位于内转经路线上的德钦县云岭乡雨崩村雨崩神瀑下的莲花生禅修洞、位于茶马古道上的德钦县奔子栏镇阿东村此里金安修行洞和位于德钦县羊拉乡甲功村多吉热冲（护法神）神山下的莲花生禅修洞（白玛珠普）。其中此里金安修行洞发现的擦擦量最多，内容最为丰富。

雨崩神瀑下的莲花生禅修洞

此里金安修行洞位于阿东村牧场附近，海拔 3719 米，为崖壁修行洞，洞口向西南，面向梅里雪山。擦擦分布点共

德钦县升平镇阿东村此里金安修行洞

德钦县升平镇阿东村此里金安修行洞内供奉的擦擦

德钦县升平镇阿东村此里金安修行洞1号点内供奉的擦擦

有2个，1号点较大，2号点较小。1号点洞高2.5米，宽7米，径深3.7米，台高1.4米。除擦擦外还有两根人胫骨放置于洞中央，上刻有佛教六字真言，字体为黑色。另外，还有部分经书残片。洞内有砌红砖的痕迹，洞顶有黑色烟熏附着物，洞口右侧上方有红色泥土黏合痕迹，早期可能是烧香的地方。2号点位于1号点西南侧，洞高1米，宽5米，径深2.4米。据村民介绍，次里金安擦擦点早期是一位尼姑修行的地方。

甲功村由尼米、格古、岔打三个村民小组组成，共56户。莲花生禅修洞位于多吉热冲（护法神）神山下的崖壁中，洞口宽5.1米，洞高2.8米，径深3.56米。崖壁上刻有六字真言石刻，洞内壁上有壁画。洞中装藏有塔擦和佛像，佛像居多，造像艺术颇似印度风格。

四、擦康

擦擦集中存放的地方很多，圣

德钦县羊拉乡甲功村多吉热冲（护法神）神山

德钦县羊拉乡甲功村多吉热冲神山白玛珠普（莲花生禅修洞）

山、神湖边、大小路口等处都能见到。在西藏的民间，建有许多专门让周围人们转经用的擦康，后藏地区叫“门塘”。建门塘有一定的讲究，多建在人口较为集中的地方，如村头、大路边、寺庙的旁边或草原上的牧场等地。擦康四周镶满玛尼石，有的还要安装经筒，形状大多为正方形的建筑物，也有的是长方形建筑，擦康内装满各种擦擦，每天都有信教群众围绕着擦康转经祷告。

家境富裕的人在神山上修建一座供奉、陈放擦擦的小屋——擦康。[①]“康”即神殿之意，擦康外表多涂以白色，以表吉祥神圣。擦康中的擦擦一般是建造时放进去的，在放置之前先要将干透的擦擦集中，请寺庙僧人念经开光，再经过包括老人及儿童在

德钦县奔子栏镇叶日村永堆擦康

①不少的路口当地人还修有专门存放擦擦的小房子，当地人称之“擦康”，意为专为擦擦建的神殿。

香格里拉市东旺乡昌娘 1 号擦康外墙上供奉的擦擦

内的众多乡民多日搬运装入建筑物内，最后封门保存。也有擦康保留一个小窗口，供转经人向里边添置，年长日久，越聚越多。

擦康的选址有规律，一般在路口、村口、水源地、寺庙周围等来往行人多的道路边、路口或者是风水上有缺陷的地方，人们认为擦康经加持开光后，不但可以促进地方的和平，同时也可以加持一切过往的众生，令他们皆能获得佛法的利益。

擦康四壁上部往往留有不大的窗洞，可供朝拜者不断向里供奉擦擦，直至放满。另将擦擦成排镶嵌于佛殿或洞窟内的墙壁上也是一种擦擦的供奉形式，在敦煌莫高窟的吐蕃窟、西藏夏鲁寺、托林寺均可见到。成片镶嵌的佛像擦擦如同浮雕的千佛壁画，单行排列镶嵌在佛殿墙壁上方的则可作为壁画的装饰部分。

擦康的建筑样式大部分为藏式土掌房，顶上装饰有木质或石头“素心”，“素心”为藏语，意为一般会出现在玛尼石堆、擦康等的上方，代表灵魂，在最上方装饰星星、太阳、月亮。

德钦县佛山乡溜筒江村的红仁 2 号擦康位于红仁村口，为茶马古道滇藏线入藏的必经之路。擦康东临澜沧江，东南侧为玛尼石堆，长 2.01 米，宽 1.3 米，高 1.35 米，由直径约为 0.1 米的圆木搭建，上方有素心，已更换过六次，靠路

德钦县升平镇阿东村勺龙组擦康

侧用石块加固。通过调查发现，擦康搭建的类别依次为：圆木搭建的擦康—木板搭建的擦康—土夯墙或石砌墙擦康。红仁 2 号擦康是这次调查中发现的唯一一座用圆木搭建的擦康。

位于维西县塔城镇巴珠村的白鲁 2 号擦康，为木板榫卯结构建筑，顶为木

德钦县佛山乡溜筒江村红仁 2 号擦康

板人字形顶，东北侧有一经幡台，东南侧临巴珠河，河与擦康间有一白塔。擦康长 1.39 米，宽 1.35 米，高 1.17 米，木板厚 0.05 米，是这次调查中发现的唯一一座用木板搭建的擦康。白鲁 2 号擦康也是这次调查中发现的唯一一座用木板榫卯结构建造的擦康。

维西县塔城镇巴珠村白鲁 2 号擦康

香格里拉市五境乡吉仁村恩拉布顶擦康，长 1.8 米，宽 1.78 米，高 1.75 米，厚 0.35 米。擦康全用石块堆砌而成，是这次调查中发现的唯一一座用石块堆砌的擦康。

香格里拉市五境乡吉仁村恩拉布顶擦康

这次调查的擦康中以香格里拉市东旺乡中心村昌娘组 1 号点、2 号点擦康保存最为完好。1 号点擦康共有两个，均为夯土泥墙土掌房，上插有木素心，位于村口田地中间，已封存。其东北侧为整排玛尼石堆。擦康在“文化大革命”期间作为储存室而被保存，现每年藏历四月萨格达瓦节时当地村民都会用白灰重新刷一遍擦康。大擦康长 3.68 米，宽 3.85 米，高 3.15 米；小擦康长 2.3 米，宽 2.12 米，高 3.15 米。2 号点擦康位于村子西侧山沟，由 4 个擦康、1 个玛尼石堆组成。北侧临色炯沟，早期没修公路时，这里是进出村子的村口，顺色炯沟可

香格里拉市东旺乡中心村昌娘 2 号擦康

以直接到达公擦龙村。4 个擦康均为夯土泥墙土掌房，1 号擦康长 1.92 米，宽 1.92 米，残高 2.45 米；2 号擦康长 1.87 米，宽 1.9 米，高 2.14 米；3 号擦康长 2.58 米，宽 2.62 米，高 2.55 米，4 号擦康长 3.03 米，宽 2.9 米，残高 3.8 米。

从 4 号擦康的缺口中采集到的擦擦艺术风格看，此擦康应为清晚期时修建。

在这次调查中还发现了两座位于水源地的擦康，其中一座位于香格里拉市尼西乡汤满村汤满上组，擦康建在汤满村灌溉用水的源头，夯土泥墙建筑，人字顶，顶上铺石块，门向西南，东北侧顶悬鱼形木块装饰。擦康长 1.6 米，宽 1.6 米，高 2.4 米。另一座位于香格里拉市五境乡吉仁河水源头。

香格里拉市格咱乡日丁擦康是这次调查中发现的体量最大的擦康。擦康位于村口路边，门面向东北侧，东南侧有一玛尼石刻，于 20 世纪 90 年代初修建。

香格里拉市五境乡吉仁河擦康

修建原因为村子里的年轻人去世得多，请四川僧人打卦卜算后，修建了这个擦康。擦康长 4.55 米，宽 5.67 米，高 4.6 米。

香格里拉市东旺乡跃进村阿布组的阿布（木毛）擦康位于萨龙神山南侧山脚下的村尾。由 1 个大擦康、3 个小擦康、烧香台和白塔组合而成。大擦康为全

香格里拉市格咱乡日丁擦康

村人共用，门向东北，夯土泥墙，铁皮人字顶；3个小擦康为私人修建，已被全部封死。大擦康长8.24米，宽4.18米，高2.38米。1号小擦康长2米，宽2米，高3.25米；2号小擦康长2.12米，宽2.05米，高2.35米；3号小擦康长2.03米，宽2.02米，高3.08米。

香格里拉市东旺乡跃进村普丁组的阿布（木毛）擦康

德钦县奔子栏镇玉杰村石义擦康为擦康、洞科（转经筒）、白塔和玛尼石堆相结合的建筑。擦康位于村口，临河，在原址上重建，现已有20余年的历史。由南至北依次为烧香台、玛尼石堆、擦康、白塔。白塔内装藏的擦擦都来自老白塔。老白塔本来位于河对岸，“文化大革命”时期被毁。擦康长7.1米，宽4.27米，高5米，共两层，一层为有白塔的洞科（转经筒），二层供奉擦擦。白塔长8.2米，宽6.43米，高5米。

奔子栏石义组合擦康（玛尼堆、煨桑台、擦康、洞科）

这次调查中的擦康大多为村民共同修建、共同使用或私人出资修建后供村民共同使用，也有私人修建擦康后仅为自己使用的，但数

洒茸都吉擦康

马仁都吉擦康

量不多。私人擦康多修建在自己房子的附近，多为消灾祈福或求子。私人修建的擦康在德钦县羊拉藏族中被称为“木巴”，而在香格里拉市东旺藏族中被称为“模摸”。

德钦县拖顶乡玖拉擦康内供奉的擦擦

这次调查中重点记录了三座私人修建的擦康。

洒茸都吉擦康是其中一座私人修建的，位于德钦县羊拉乡茂顶村村头水沟边，用石块堆砌成，外抹泥，圆形，比较少见。擦康直径 1.3 米，高 1.94 米。1987 年因擦康主人成家多年无后打卦修建，已有三十二年历史。擦康修建后，其家里增添了两个儿子。

香格里拉市五境乡恩拉布顶擦康内供奉的擦擦

德钦县奔子栏镇夺通村松德贡擦擦洞

五、洞穴

考古研究者曾在西藏古格地区发现藏有大量擦擦的山洞。有的制作好擦擦后装藏于山洞，等山洞装满后会修建擦康将洞中擦擦转移至擦康供奉，而山洞中再继续放置新的擦擦，香格里拉市东旺云登寺就是这样的收藏方式。

德钦县奔子栏镇夺通村松德贡擦擦洞位于半山腰，四周为灌木丛，洞口向东南，洞口宽 2.54 米，高 1.4 米，径深 3.1 米。

香格里拉市建塘镇吉迪村惜归擦康位于惜归村北侧，洞口向南，洞宽 3.5 米，高 2.6 米，径深 2.3 米。洞内供奉的全为塔擦，村里只有年老的老人才认识擦擦

香格里拉市建塘镇吉迪村惜归擦康

香格里拉市建塘镇吉迪村惜归擦康内供奉的擦擦

德钦县佛山乡江坡村二组擦擦沟

德钦县佛山乡江坡村二组擦擦沟内供奉的擦擦

点所在之处。

德钦县佛山乡江坡村二组的擦擦沟位于山沟旁，植被覆盖丰富，多为灌木丛。洞宽5米，径深3米，高4米，台高1米。洞内供奉有塔擦和佛像，以塔擦数量为多。

德钦县佛山乡江坡村玖农指该扎擦擦点供奉的擦擦

六、崖壁

早期擦擦除供奉于洞穴和修行洞内外，还供奉在村子附近的崖壁中。

德钦县佛山乡江坡村玖农指该扎擦擦点

德钦县佛山乡江坡村玖农指该扎擦擦点位于指该扎崖壁下，临河。洞口宽12 米，径深 6 米，台高 2 米，洞高 4 米。洞内供奉有塔擦和佛像。

维西县塔城镇柯那擦擦点位于汝可村上方的山腰崖洞内。洞口向东南，面向腊普河，分上下两层，下层有两个擦擦点，山洞外侧砌石墙和土墙，洞内有烟熏痕迹。洞内靠里侧石砌 0.45 米高台上，擦擦分两层放置。据说，以前有人在此修行。供奉的全为塔擦，上白灰。下层 1 号点洞口宽 1.3 米，高 0.8 米，径深 1.6 米，2 号点洞口宽 1.66 米，高 0.6 米，径深 2.2 米；上层洞口宽 5.7 米，高 3.42 米，径深 4.5 米。

维西县塔城镇汝可擦擦点

七、家庭佛龛

德钦县奔子栏镇私人经堂

家庭佛龛供奉的擦擦，我们重点记录了德钦县奔子栏镇奔子栏村某户、德钦县羊拉乡茂顶村某户、维西县塔城镇巴珠村某户、香格里拉市洛吉乡尼汝村某户。德钦县奔子栏镇奔子栏村和羊拉乡茂顶村两户人家均信奉藏传佛教格鲁派，家里有僧人。维西县塔城镇巴珠村人家信奉藏传佛教噶举派，其为来远寺的僧人。香格里拉市洛吉乡尼汝村人家信奉苯教。

奔子栏被调查人家的祖屋位于茶马古道重镇德钦县奔子栏镇，为典型的高原河谷地区藏族传统三层平顶土掌房，一层为牲畜圈，二层为住房、厨房、

维西县塔城镇巴珠村私人供奉于房檐下的擦擦

香格里拉市洛吉乡尼汝村私人房梁上供奉的擦擦

经堂、木楞房粮仓、僧舍等，三层为藏式厕所，为典型的河谷地区清代藏族传统建筑。在奔子栏村人家的经堂里供奉有一批擦擦，年代最早的为 15 世纪，晚的到 19 世纪。据其家人介绍，擦擦由其祖父收藏并留传。

八、转经亭等

转经是藏传佛教特有的宗教仪式。其所表现的是信徒的一种群众性经常性的宗教活动。转经仪式蕴含了“绕佛”和“祈祷”两个内容，即人围绕一些宗教场走动或磕头行进，或人为转动特定宗教物件来体现虔诚的“转”（绕佛），同时反复念诵六字真言。在滇西北的藏族、纳西族、摩梭人和普米族聚居区，转经是信仰藏传佛教的群众非常热衷的宗教生活之一。这些地方的转经形式多样，可以归纳为“人转”和“物转”两种。在迪庆高原，按信徒所绕行的宗教场所不同，人转可以分为转山、转寺塔、转玛尼堆、转烧香台；物转为转转经筒（筒科），较大的转经筒一般为竖立状用轴承固定在亭舍内，称为转经亭。在滇西北藏传佛教地区，几乎每座寺庙和一些宗教活动有大的村落都设有转经亭（转经亭又分为人转经亭和水转经亭两种）。香格里拉市五境乡吉仁村争归转经亭属于人转经亭，转经亭的亭檐下铺设有木板，供奉有塔擦，是这次调查中唯一发现的供奉擦擦的转经亭。

香格里拉市五境乡争归转经廊道上供奉的擦擦

第五章 擦擦的功能

藏传佛教认为佛塔内腔不能空着，要珍藏佛舍利、高僧活佛法体、佛经、佛像、绸带、柏枝、名贵草药、海边沙粒、水产珍品、神湖圣水、神山圣物、贵重金属品及一些具有永久性纪念意义的圣物，还要填充泥质“圣物”。泥质“圣物”就是藏族所熟悉的“擦擦”——泥塑小佛塔和佛像。当这些装藏的佛教圣物举行开光仪式后，被赋予宗教意义上的灵气和佛性，便成为佛教僧俗顶礼膜拜、虔诚敬佛的一种宗教物化标志和崇拜对象。

擦擦作为藏传佛教造像的一个种类，是最具朴素语言和平民特质的圣物，是藏传佛教造像中不可忽视的一个组成部分。当我们面对难以计数的擦擦造像，更多的是惊叹，是敬重，是一种什么样的无形力量感召着那些没有留下姓名的创造者去进行这样的创造活动？笔者认为这样的创造活动里有着两方面的内容，一方面从宗教情感的层面来看，这是一种充满虔诚的精神活动，是宗教情感的物质表现，体现着许多人对擦擦造像所起宗教文化作用的依赖；另一方面也是人们对这些擦擦造像所包含的社会文化功能需求的反映。西格蒙特·弗洛伊德（Sigmund Freud）在《一个幻觉的未来》一书中指出神的三个功能：他们必须驱除自然界的恐怖；他们必须缓和人和残酷命运的关系，尤其是死亡所显示出的严酷；他们必须补偿社会文化所强加的苦难和匮缺。[①]前两个功能从精神的角度强调了神灵的功能，第三个功能就不能说完全是精神功能，它所具有的补偿因素，明显带有社会文化功能的特征，因此我们研究擦擦不能只注重它的精神文化功能而忽略了它的社会文化功能。

第一节 擦擦的精神文化功能

擦擦造像的精神文化功能是指通过对神灵的造像，引导修行者“超脱”现实，

① [奥] 西格蒙特·弗洛伊德著：《一个幻觉的未来》，杨韶钢译，31 页，北京，华夏出版社，1991。

精神上趋向神的世界，获得心灵安抚和精神慰藉而缓解、摆脱对世俗功名利禄的执著，减少或消除人们心中的痛苦、恐惧和悲观等情绪，从而获得心理平衡，具体来说就是通过对擦擦造像、膜拜祈祷等方式，来释放人们内心的压力或负罪感，最终达到精神上的解脱。

这次调查中发现在迪庆民间还流传有“一尊擦擦三人成佛”的传说：第一个人因为制作擦擦而成佛，第二个人因为给落在地上的擦擦遮雨而成佛，第三个人因为将落在地上的擦擦捡起来供奉而成佛。这个传说证明了制作擦擦在藏传佛教中是一种重要的修行方式，是积善功德的重要途径。

一、宗教誓愿信物

由于擦擦造像是供信教群众顶礼膜拜所用，所以擦擦造像更带有一种非人间性的神秘，因此擦擦造像的制作过程有着极其严格的规定和内涵，其中还夹杂着许多宗教仪式。制作擦擦完全是出于宗教信仰、教理仪规和弘佛的目的。藏传佛教认为，所有象征宗教内涵的造像、器物和图符都必然具有灵气，而这种灵气又必须以一定的形式为其表象，如印有观音六字神咒、持咒的经卷、佛教箴言，各种法器、吉祥物、五谷、珍宝以及擦擦，这些象征宗教内涵的表现物经过特定的宗教仪礼，由高僧活佛煨桑祈祷、诵经加持、注入神意后才能具有超凡脱俗的灵气，才能成为供奉的宗教圣物。因此擦擦的使用在藏传佛教寺院和藏族民间十分普及，在寺院的宗教法事活动中如建寺、建塔，佛陀纪念日、宗教节日，在民间祭供祈祷仪规，村寨家族祈求人畜兴旺五谷丰登，为亲友远行祈求平安，为家人的生老病死赎过还愿、消灾除邪、多赐善果、来世幸福等祈愿活动中，都要制作擦擦，祈愿者根据自己祈祷的誓愿和自己的生辰五行来决定供奉什么类型的神祇、佛塔、经文的擦擦。

从宗教的礼仪行为来看，制作和供养擦擦属于佛教中造像功德的一种，正如藏族《彩绘工序明鉴》所言：“在泥土上，石灰上，木头上，白骨上……墙面上等处皆可绘画佛像，或重新塑佛像者，将不投生于恶趣、罪孽种、邪见种之人家；将不出现肢体不全，即使犯有罪过也会得净罪之福，因塑造佛像之善果可减免在地狱中受罪，并可在三乘之中任何一乘得到实现……”[①]任何不善之业都不能诱惑，而且对佛产生无限信仰。故此，凡塑造佛像者无论何种缘故犯

①门拉顿珠、杜玛格西·丹增彭措：《彩绘工序明鉴》，北京，中国藏学出版社，1997。

有何种罪过，均如同把酥油丢在火堆上连烟都不冒便消失了。

正是基于以上的原因，人们大量地制作擦擦，其目的无非是禳灾祈福，表达一种还愿和善业的宗教心理。

1. 加持

擦擦造像的制作，要求修行者必须具备三个条件：一是必须信仰佛法，诚心皈依三宝；二是必须具备佛法三根本的学修基础；[①]三是必须经过灌顶。只有具备了这三个条件，修行者才能造像。在这个基础上严守戒律，在上师的指导下，严格依照《造像量度经》造像。

2. 观修

这是一个观想与修行的过程，观修是对自我认可和超越自我的过程。在这个修行过程中，任何一个修行者在开悟的刹那，即能强烈地感受到身心的自由与智慧的喜悦，从而进入无上圆满境界，达到“神我合一”的境界。通过观修的过程祈求神灵进入修行者的躯体之后，才能进行造像。造像期间对修行者的衣食住行有着严格的要求，必须诵念经文、沐浴洁身、心态平和、素食禁色。

3. 开光

造像完成后，要选择吉日进行供奉。在正式供奉前，都要举行一个开光仪式。然后送寺庙内请众僧诵经，其过程必须依照规定的仪轨去进行，必须由经过灌顶、闭关的僧人在高僧活佛的主持下煨桑祈福、诵经加持、注入神意的开光仪式，开光后的擦擦造像才算有灵气，才能成为圣物供人膜拜。同时开过光的擦擦造像，具有神圣不可侵犯和普度众生的功能。

其实这个造像的过程，就是修行者对藏传佛教教义的观修过程。

二、祈求庇护

在藏传佛教流传的地域都有打制和供奉历代祖师、佛教高僧、印度大成就者擦擦造像的习俗，表示对祖师、高僧的尊崇，并祈求善业、祛除罪恶，最终得到善果，正如著名藏学学者东嘎·洛桑赤列所说：“正挂大师布擦于前胸，不离方寸，意与大师心心相印。”[②]

---

①出世心、菩提心、空性见。

②《完成夙愿的圣物 擦擦-雕塑艺术》，http://www.9m4.cn/minzuwenhua/88/6205.html，访问日期：2022 年 5 月。

第二节 擦擦的社会文化功能

擦擦造像包含的社会文化功能，是擦擦能够在藏传佛教流传区域经久不衰的一个重要因素。

一、宣传佛法

擦擦造像由于其做工相对简单,造价低廉,因此在藏传佛教区域内十分盛行。擦擦便于让更多的人了解藏传佛教的内容和教义，这些直观生动、可读（擦擦造像上都有藏文持咒)可视、易为接受的擦擦是宣传和传播宗教文化的重要载体。

二、防病治病

藏族人世世代代在与自然和各种疾病斗争中积累了治疗各种疾病的经验，涌现出许多医学贤圣，形成了独具特色的藏医药学体系和藏医理论。在众多擦擦造像中的“药擦”就是以多种名贵藏药精炼压制而成，并可服用医病。人们将药擦放置在随身携带的“嘎乌”内，如果遇到疾病，可以直接服用。

三、供养器物

藏民族自古就非常重视对擦擦艺术的研究和对“擦擦”形象的塑造及制作。在藏族居住和生活的区域，无论是佛教寺院，还是民间村落；无论是经幡飘扬的神山，还是江河奔腾的峡谷；无论是高耸入云的佛塔，还是山间路边的擦康，到处都可看到供奉着的擦擦，擦擦的身影无处不在。擦擦除了供奉在佛塔、擦康外，还与藏传佛教玛尼石堆、转经筒、经幡等组成系列崇拜物被供奉在神山、神湖、寺庙、玛尼堆和转经路上，形成浓郁的宗教氛围，构成藏传佛教文化的奇特景象。

《钦定元史语解》卷十四载：“擦孙，唐古特语泥印佛，亦泥印塔也。”元代以后，已普遍存在制作擦擦作为供养器物的现象。清代《国朝宫史》卷十八载，乾隆二十六年（1761 年）皇太后七十寿辰寿礼中有“慧福同尊擦擦无量寿佛”“光彻大千擦擦无量寿佛”“法镜长圆擦擦无量寿佛”等贡品。

每一件擦擦，或年代久远，或新制未干，或精巧工整，或自由粗放，都在方寸之间充分发挥着雕塑语言的表现力，浓缩了藏传佛教文化艺术的精髓。材质的不同、年代的远近、制作者的身份、艺术水平的高下、出土和传世数量的多寡等诸多因素，构成了对擦擦品评鉴赏及珍稀程度界定的客观依据。

擦擦以精微细腻的刻画，生动活泼的造型，质朴纯真的韵味，玲珑小巧的体貌，绝少张扬的个性特征而别具一格，并以其表现形式和内容的丰富多彩自成体系，是藏族民间美术中与玛尼石刻、风马旗、经幡、酥油捏塑、喇嘛玛尼布画等民间宗教艺术同竞芬芳的姊妹艺术，也是雪域藏族人民精神寄托和心灵追求所展示的一朵朵散发着雪域泥土芬芳的艺术之花。

擦擦作为藏传佛教文化艺术的重要组成部分，是贯穿藏传佛教发展的历史见证，在现代社会，这种传统的信仰方式还在继续传承。2021 年，由西藏自治区拉萨市申报的“擦擦制作技艺”已被录入第五批国家级非物质文化遗产代表性项目名录。擦擦不只是纯粹的宗教的象征物，也是藏民族千百年来追求美好生活、寄托夙愿的一种方式，与玛尼石、风马旗一样，与人们的生活融为一体，是高原民族亘古不变的信仰习俗。

附录：

擦擦文化艺术展

擦擦文化艺术展作为基本陈列设于迪庆州博物馆三楼展厅，该展览共展出擦擦 616 件套，主要为我国著名的擦擦收藏家李逸之的收藏品，还有部分为历年来迪庆藏族自治州博物馆接受的社会捐赠和征集，以及博物馆野外调查时的采集。展出的擦擦反映内容题材主要有佛、菩萨、护法、上师、佛塔，还有制作擦擦的模具。擦擦的质地有虫胶、泥、陶和铜，制作方法采用压印和脱模两种，立体小塔采用脱模法，其他浮雕效果的造像、小塔、经咒等均采用压印法制成。印制有单模和双模，多为素面，有少量敷彩和泥金。擦擦在我国的发现地区广泛，大部分在西藏古格和青海，少量发现于印度、内蒙古、四川、甘肃和云南的藏传佛教传播地区。

该展览是目前国内唯一一个擦擦文化专题展，展出的擦擦目前从其年代、品类、数量上在国内擦擦收藏界都屈指可数，从 2017 年 9 月开展以来引起学者和观众的广泛关注。

迪庆州博物馆擦擦文化艺术展序厅

迪庆州博物馆擦擦文化艺术展展厅（实景厅）

展览按我国擦擦的发展历史阶段划分为四个单元。第一单元为擦擦的发祥期（7—9 世纪）、第二单元为擦擦的过渡期（10—13 世纪）、第三单元为擦擦的交流融合期（13—17 世纪）、第四单元为擦擦的发展高峰期（17 世纪中叶以后）。

展厅“前言”

擦擦（tsha tsha）一词源于印度梵语读音，意为模具制作的塔、真言和造像，以泥质和陶质居多。最早来源于印度，起初只制作释迦牟尼的擦擦，用于替代释迦牟尼真身骨灰舍利供奉于佛塔内，后来在漫长的佛教发展道路上，擦擦制作出现了更多的角色。

从7世纪开始，擦擦随佛教文化传播到西藏地区，成为西藏古代造像艺术的主要形式之一。

第一单元 擦擦的发祥期（7—9世纪）

7—9世纪的擦擦。目前我国境内考古出土这个时期的擦擦只有三处，分别为青海都兰县、乌兰县和新疆于阗（tián）地区的早期寺院遗址。该时期的擦擦数量少，极其珍贵。

该时期的擦擦表现出浓烈的印度样式，它的出现见证了佛教从印度传入西藏的历史，也展现了早期的佛教文化交流。

佛陀与塔群

7—8世纪 直径3.9厘米 虫胶

佛陀跏趺坐于塔龛内，两侧横排紧凑整齐的佛塔，出土于印度比哈尔邦菩提迦耶遗址。

圆雕百塔
8 世纪 通高 6 厘米 泥质
青海省都兰县

观音

8 世纪 通高 6.1 厘米 泥质

青海省都兰县

第二单元 擦擦的过渡期（10—13 世纪）

这一时期佛教得到高度发展，擦擦制作空前繁荣，达到了美轮美奂的艺术高度。

这一时期的擦擦造像肩宽、腰细、腿长，身材挺拔，坐姿优美，以兼收并蓄外来佛造像风格为其特征。造型风格受西北印度斯瓦特、东北印度帕拉、克什米尔、吉尔吉特风格的影响，有些擦擦不同程度地受到尼泊尔和中原汉地艺术的影响和作用。制作技艺比较简单、粗糙、少精整。

圆雕天降塔

11 世纪 通高 7.5 厘米 泥质

西藏古格

塔瓶呈覆钵形，下承四层塔阶，各面当中凸出并设阶梯，塔身下为制作时保留的凸起泥沿。

百塔
12—13 世纪 通高 8 厘米 泥质
宁夏（具体地点不详）

单塔与经咒

11 世纪 通高 4.5 厘米 泥质

青海西部

塔刹饰相轮、日月和飘带，塔瓶呈覆钵形，下承四层塔阶，下承莲花。塔下部两侧题有藏文。

五塔与真言

10—11世纪 通高9厘米 泥质

西藏古格

五塔横排布，中侧体量较大，塔刹均饰相轮、伞盖、日月和飘帛，塔瓶呈覆钵形，下承四层塔阶，下承涌莲座，藏文经咒分布五塔周围。

三塔与真言

10 世纪 通高 8.8 厘米 泥质

西藏古格

三塔横排布，均为吉祥多门塔，塔刹饰相轮、伞盖、日月和飘帛，塔瓶呈覆钵形，下承二层塔阶，塔阶正中凸出并辟多门，下承莲座。梵文呈圆形分布。

多塔

11 世纪 通高 9.5 厘米 泥质

西藏古格

多塔呈同心圆排列，塔尖指向中心，塔座向外，塔间题有藏文和梵文铭文。

佛塔、尊像与真言

11 世纪 通高 9.5 厘米 泥质

西藏古格

佛像居中，下为金刚萨埵，四周布满梵文。佛塔塔阶与塔座正中开龛，内置一坐佛。

释迦牟尼佛

11 世纪 通高 8 厘米 泥质

西藏古格托林寺

螺发高髻，右手作触地印，左手作禅定印，结跏趺坐于莲座。着袒右袈裟，饰桃形头光和覆钵形身光。身体两侧对称分布六塔。

释迦牟尼佛

12 世纪 通高 9 厘米 泥质

青海北部

螺发高髻，右手作触地印，左手作禅定印，结跏趺坐于莲座。着袒右袈裟，饰桃形头光和覆钵形身光。身体两侧对称分布六塔。

释迦牟尼佛

13 世纪 通高 4.1 厘米 泥质敷彩

西藏古格

螺发高髻，右手作触地印，左手作禅定印，结跏趺坐于莲座。着袒右袈裟，饰桃形头光和覆钵形身光。头光、身光与莲座边缘饰联珠纹，敷红彩。

释迦牟尼佛

13 世纪 通高 5.3 厘米 泥质敷彩

宁夏黑水城遗址

螺发高髻，右手作触地印，左手作禅定印，结跏趺坐于莲座。着袒右袈裟，饰桃形光背。四周饰梵文和经咒。

阿弥陀佛

11 世纪 通高 8.5 厘米 泥质

西藏古格

菩萨装，双手作禅定印，双足结跏趺坐。戴宝冠，饰耳铛、项链、臂钏。背后为拱形龛，饰金翅鸟、摩羯鱼、童子、狮子等，装饰繁杂。

阿弥陀佛

13 世纪 通高 7.8 厘米 泥质

西藏日喀则

菩萨装，双手作禅定印，双足结跏趺坐。戴宝冠，饰耳铛、项链、臂钏。六塔对称分布于两侧。

一佛二菩萨

11 世纪 通高 9 厘米 泥质

西藏古格

造像均呈立姿，释迦牟尼佛居中，螺发高髻，右手作与愿印，左手作说法印，着袒右袈裟。六臂观音与莲花手观音分立左右，均饰项链、臂钏，着裙。六臂观音头顶束扇形发髻，手持树枝、净瓶等物；莲花手观音右手作无畏印，左手持莲花，饰宝冠。擦擦上方置佛塔两座，空隙处题有梵文铭文。

莲花手观音

11 世纪 通高 6 厘米 泥质

西藏古格

高发，右手作与愿印，左手持莲花，双足结游戏坐。戴宝冠，饰耳铛、项链、臂钏、手镯，披帛带，着裙，饰椭圆形头光，其右置一佛塔。空隙处题有梵文缘起偈与藏文六字真言铭文。

莲花手观音

11 世纪 通高 9.3 厘米 泥质

西藏古格

高发髻，右手作与愿印，左手持莲花，双足结游戏坐。戴宝冠，饰耳铛、项链、臂钏、手镯，披帛带，着裙。擦擦下部带捏制而成的长柄台座。

十一面观音

11—12 世纪 通高 11.2 厘米 泥质

西藏古格

十一面八臂，主臂当胸合十，其余六臂分持莲花、法轮、念珠、净瓶、作与愿印，结跏趺坐。饰耳铛、项链、臂钏、手镯，披帛带，着裙。

莲花手观音

11 世纪　通高 6 厘米　泥质

青海西部

高发髻，右手作与愿印，左手持莲花，双足结游戏坐。戴宝冠，饰耳铛、项链、臂钏、手镯，披帛带，着裙。黑泥。

文殊

11 世纪 通高 5.8 厘米 泥质

青海西部

高发髻，戴宝冠，饰耳铛、项链、臂钏、璎珞，着裙，右手持剑，左手持经书，双足结跏趺坐于莲花台。左右两侧各置一塔。黑泥。

绿度母

11 世纪　通高 6 厘米　泥质

青海北禅寺

高发髻，右手作与愿印，左手持莲花，结跏趺坐。饰耳铛、项链、璎珞、臂钏、足钏，着裙。右上置一塔。

金刚手

11 世纪　通高 6.2 厘米　泥质

青海西部

右手于胸前托立杵，左手倚靠莲台，双足结游戏坐。左上侧置覆钵佛塔，右侧题有梵文铭文。黑泥。

金刚手

11 世纪　通高 7.8 厘米　泥质敷彩

西藏古格

展左立姿，右手持金刚杵，左手作期剋印。左右题有梵文铭文。

金刚手

11 世纪 通高 8.2 厘米 陶质敷彩

西藏阿里

左展立姿，左手作期剋印于胸前，右手举金刚杵。

金刚手

13世纪　通高12.3厘米　泥质

西藏日喀则

展左立姿，左手作期剋印于胸前，右手举金刚杵。

密集金刚

11 世纪　通高 11 厘米　泥质

西藏古格

高发髻，顶饰羯摩金刚杵，三目忿怒相。十二臂分持金刚铃、金刚杵、象皮、颅钵等法物。结跏趺坐，于擦擦下部带捏制而成的长柄台座。

胜乐金刚

11 世纪　通高 9.8 厘米　泥质

西藏古格

四面十二臂，高发髻，顶饰羯摩金刚杵，每面三目，十二手分持金刚铃、钺刀、金刚索、人头等法物，展右立姿。饰耳铛、项链、臂钏、手镯。忿怒相。

六臂玛哈嘎拉

11 世纪　通高 7 厘米　陶质

西藏昌都

展左立姿，头戴五颅冠，发呈火焰状，身披皮，佩戴璎珞钏环，腰围人头鬘。主臂二手于胸前分执钺刀和嘎巴拉。来自于社会征集。

不动明王

12 世纪　通高 8.5 厘米　陶质

青海（具体地点不详）

忿怒相，上身袒裸，腹部圆鼓，下着虎皮裙，腿部粗壮有力，展左站立。饰耳环、项链、臂钏、足钏等物。足踏象鼻天，象征消除魔障，获得解脱。来自于捐赠。

第三单元 擦擦的交流融合期（14—17世纪）

由于长期对印度、尼泊尔等艺术风格的吸收，工艺技巧的提高，这一时期的擦擦已臻于成熟，为藏汉艺术相互借鉴、吸收、兼容时期。成熟的藏式擦擦向国内各地广为传播，并逐渐出现了川藏、青藏、甘藏、蒙、滇等略有差异、初步形成地域风格的擦擦。这一时期擦擦的造像题材开始出现高僧大德像（如莲花生、米拉日巴、八思巴、玛尔巴、布顿、宗喀巴等），擦擦多为圆形、椭圆形或方形，以高浮雕为主。有文献记载当时制作擦擦已成为上师喇嘛必修的日课之一。

16世纪，擦擦制作技艺受中原汉地艺术的影响，有着浓烈的中原韵味。佛像的服饰和装饰兼具印度、尼泊尔、藏式以及中原风。值得注意的是，这一时期云南迪庆、丽江噶举派寺院的擦擦作品却略异于其他地区，它们在尼泊尔、西藏诸流派的基础之上融入了本地审美习惯，成为这个时期较为独特的地方性面貌。

17世纪以后，擦擦的尺寸出现比较大的变化，或小或大，最小只有指甲大小，用于配置嘎乌盒随身挂带，最大者达半米，供奉于佛堂。其题材多为上师像、财神像，擦擦面部显藏族人特征，着藏式袈裟。

八塔
14 世纪　通高 9.5 厘米　泥质
西藏拉萨

圆雕百塔
15—16 世纪　通高 7.5 厘米　泥质
西藏古格

大日如来

16 17世纪 通高9.8厘米 泥质

西藏日喀则

四面两臂，菩萨装，双手作禅定印，双足结跏趺坐。高发髻，戴宝冠，饰耳铛、项链、臂钏。莲座下方承双狮须弥座，背光边缘饰卷草纹。

一佛二菩萨

17 世纪　通高 4.3 厘米　泥质

西藏古格地区

释迦牟尼佛双足结跏趺坐居中，螺发高髻，右手作触地印，左手作禅定印，着袒右袈裟。二菩萨分立左右，均饰项链、臂钏，着裙。

阿閦佛

15 世纪　通高 7 厘米　泥质敷彩

西藏日喀则

高发髻，僧装，右手作触地印，左手作禅定印托立杵，双足结跏坐。背光饰梵文铭文。

阿閦佛

15—16 世纪 通高 5.4 厘米 泥质敷彩

西藏日喀则

高发髻，僧装，右手作触地印，左手作禅定印托立杵，双足结跏趺坐。背光饰梵文铭文。

阏佛十尊

15 世纪 通高 10.8 厘米 泥质

地点不详

十尊分上下四行排布，均为高发髻，菩萨装，右手作触地印，左手作禅定印托立杵，双足结跏趺坐。擦擦边缘呈连弧形，梵文铭文右绕排布。

弥勒佛

15 世纪　通高 8 厘米　泥质

西藏楚布寺

头戴的五叶冠上镶嵌绿松石和珠宝，身披天衣，胸前饰华丽的瓔珞。双手呈转法轮印，两只手中各向两旁引出一莲枝，莲枝上分别置宝瓶和法轮。

顶髻尊胜佛母

16 世纪　通高 8 厘米　泥质

青海塔尔寺

三面八臂，戴珍宝璎珞，着天衣，双足结跏趺坐于莲花宝座。右第一手持羯摩杵于胸前，二手托莲座，上为阿弥陀佛，三手持箭，四手施愿印置右腿前。左第一手忿怒拳印持羂索，二手上扬作施无畏印，三手执弓，四手作摩定印托甘露宝瓶。

三怙主

16 世纪 通高 10 厘米 陶质

西藏日喀则

藏传佛教中，将观音菩萨、文殊菩萨、金刚手菩萨并称为三怙主，代表诸佛之悲、智、勇，为雪域的守护神。

十一面观音

15—16世纪 通高24厘米 泥质

西藏古格

立姿，高发髻，顶置化佛。戴宝冠，系宝带，饰耳铛、项链、臂钏、手镯、璎珞，着裙，主臂分持念珠、莲花、净瓶等物。

文殊

16 世纪　通高 6 厘米　泥质

西藏日喀则

高发髻，戴宝冠，饰耳铛、项链、臂钏、璎珞，着裙，右手持剑，左手持经书，双足结跏趺坐于莲花台。

绿度母

15 世纪　通高 7 厘米　泥质

西藏日喀则

高发髻，桃形头光。右手作与愿印，左手作说法印并持莲花，结游戏坐于踏莲台。戴宝冠，系宝缯，饰耳铛、项链、璎珞、臂钏、足钏，着裙。擦擦周围饰有藏文铭文。

白度母

17 世纪 通高 22 厘米 泥质

四川西部

一面二臂，双足金刚跌趺坐于莲座。右手膝前结施愿印，左手于胸前持乌巴拉花。头戴花蔓冠，双耳坠大环，穿天衣，上身袒露，颈挂珠宝璎珞。

金刚手
15 世纪　通高 5.3 厘米　泥质
西藏古格

金刚萨埵
15—16 世纪 通高 5.3 厘米 泥质
西藏古格

金刚萨埵

15—17 世纪　通高 9 厘米　泥质

西藏日喀则

高发髻，双手分持金刚铃杵，拥抱明妃，结跏趺坐。饰项链、臂钏、手镯，披帛带，着裙。

马头金刚

15 世纪 通高 11.5 厘米 陶质

四川西部

三头六臂，六臂持各种法器，身上披挂珠链，展左站姿于莲台上。忿怒相。造像具有汉、藏交汇区域的风格特征。

密集金刚

15 世纪　通高 6.2 厘米　泥质

西藏古格

三面六臂，高发髻，六臂分持金刚铃、金刚杵、法轮、莲花宝剑等物。着裙，戴宝冠，饰项链、臂钏、手镯等。主臂拥抱明妃。

胜乐金刚

15—16 世纪　通高 5.2 厘米　泥质

西藏古格

普巴金刚

17 世纪　通高 8.5 厘米　陶质

甘肃南部

一面两臂，展左立姿。头戴骷髅冠，鬃发上扬，着虎皮裙，腰饰骷髅头，三目圆睁。右手高举金刚橛，左手握心，拥抱明妃。忿怒相。

吉祥天母

17 世纪　高 9.8 厘米　泥质

内蒙古（具体地点不详）

忿怒相，右手举金刚杵杖，左手托嘎巴拉碗，跨骑骡背。

四臂玛哈嘎拉

15 世纪　通高 6.7 厘米　泥质

西藏日喀则

一面四臂，焰发，三目，四臂分持金刚钺刀、嘎巴拉碗、剑及骷髅杖，结游戏坐于外道。戴骷髅冠，系宝缯，饰项链、臂钏、手镯、足钏，挂蛇链。

空行母

14 世纪　通高 4.9 厘米　泥质

西藏萨迦寺

高发髻，忿怒相，三目，右手持金刚杵，左手托嘎巴拉碗，左臂腕夹嘎巴拉杖，舞立姿，左足踏外道。戴骷髅冠，系宝缯，饰耳铛、项链。挂骷髅头长链，披帛带，着璎珞裙。

苯教护法
17 世纪　通高 11 厘米　陶质
四川西部

莲花生

15 世纪 通高 10.5 厘米 陶质敷彩

头戴莲花帽，内着坎肩与袈裟，外披大氅坐于莲花宝座之上。右手于胸前持立杵，左手托嘎巴拉碗，左肩放降魔戟。双模印制。

宗喀巴

15 世纪　通高 4.2 厘米　泥质

西藏古格

头戴尖顶班智达帽，双手转法轮印并分持莲花，莲花上分置经书和宝剑，双足结跏趺坐。

玛尔巴

14 世纪 通高 12.2 厘米 泥质敷彩

西藏日喀则

第四单元 擦擦的发展高峰期（17 世纪中叶以后）

单元文字：

这一时期既是藏传佛教艺术发展的后期，也是擦擦艺术发展的一个高点，许多精工细作的擦擦艺术珍品都出现在这一时期。

巨塔型

19 世纪 通高 23 厘米 泥质

青海湟中

八塔

18 世纪　通高 5.5 厘米　泥质
西藏（具体地点不详）

释迦牟尼像

18世纪　通高14.2厘米　陶质

西藏日喀则

螺发高髻，右手作触地印，左手作禅定印，着袒右袈裟，结跏趺坐于须弥座。

阿閦佛

18 世纪　通高 11 厘米　泥质敷彩

西藏拉萨

高发髻，菩萨装，右手作触地印，左手托立杵，双足结跏趺坐。

阿閦佛十尊

18 世纪　通高 9.9 厘米　陶质

西藏拉萨

主尊居中，上部五尊环绕主尊，下部排列四尊。均为高发髻，菩萨装，右手作触地印，左手托立杵，双足结跏趺坐。

阿閦佛等 39 尊像

18 世纪 通高 14.7 厘米 泥质

西藏桑日县

坐佛十尊

18 世纪　通高 7.9 厘米　泥质

内蒙古（具体地点不详）

大随求佛母十尊

18 世纪　通高 22.5 厘米　陶质

西藏拉萨布达拉宫

木龛，通体彩绘。佛母分四行排列，造型相同，头束高发髻，肩披帛带，右手举剑，左手执于胸前，下身穿长裙，屈膝交脚而坐，身后配置头光和身光，空隙处装饰有树木、云朵、日月等物。

长寿三尊

18 世纪　通高 12.5 厘米　泥质

西藏日喀则

在藏传佛教中，长寿佛、尊胜佛母、白度母被认为是福寿吉祥的象征，称为“长寿三尊”，是藏传佛教寺庙中常见的佛像组合形式。长寿佛为中央主尊，左下为白度母，右下为尊胜佛母。

四臂观音

18 世纪　通高 8 厘米　泥质

西藏楚布寺

大轮金刚手六尊

18 世纪　通高 11.8 厘米　陶质敷彩

西藏日喀则

分两行排列，三面六臂，头戴宝冠，三目圆睁，全身饰有蛇形璎珞、钏环，腰系虎皮裙。右手持金刚杵，左手结怒斥邪恶印，口衔毒蛇。体态自然协调，形象凶忿。

金刚手

18 世纪　通高 10.5 厘米　陶质敷彩

内蒙古北部

立姿，焰发。右手持金刚杵，左手作期克印。

六臂玛哈嘎拉

18 世纪　通高 7.5 厘米　泥质

西藏拉萨

立姿，头戴五颅冠，发呈火焰状，身披皮，佩戴璎珞钏环，腰围人头鬘。主臂二手于胸前分执钺刀和嘎巴拉。

空行母

18 世纪 通高 13.5 厘米 陶质

西藏樟木县

高发髻，忿怒相，三目，右手持金刚杵，左手托嘎巴拉碗，左臂腕夹嘎巴拉杖，舞立姿，左足踏外道。戴骷髅冠，系宝缯，饰耳铛、项链。挂骷髅头长链，披帛带，着璎珞裙。

尸陀林主

19 世纪　通高 3.3 厘米　泥质

地点不详

制作时掺有名贵藏药，多作护身符贴身佩戴。

莲花生

18 世纪　通高 15.6 厘米　泥质敷彩

西藏拉萨

头戴佛冠，披双层袈裟，衣纹锤楪有致，坐于双层莲花宝座之上。右手持降魔杵，左手托嘎巴拉碗，左肩放降魔戟。双模印制，面泥金。

莲花生皈依境

19 世纪　通高 38 厘米　陶质

西藏尼木县提雪林寺

中央为莲花生大师，上部为根本上师及传承师，左右为诸本尊，下方为诸护法神。“皈依境”，集该传承之历代祖师、三世诸佛、菩萨、本尊、僧伽、经续、勇士、空行、护法于一图，合所有殊胜功德、深广加持力于一境。

宗喀巴

19 世纪　通高 2.7 厘米　泥质

西藏拉萨

头戴尖顶班智达帽，双手转法轮印并分持莲花，莲花上分置经书和宝剑，双足结跏趺坐。两侧饰有梵文铭文。

苯教上师

18 世纪　通高 8.2 厘米　泥质

四川西部

结束语

擦擦从 7 世纪随着佛教文化传入我国西藏，之后伴随佛教文化在高原上发展繁荣至今。它作为藏传佛教造像艺术文化，如实而丰富地体现出我国藏传佛教文化艺术的高超技艺和深厚积淀，展现了历代藏族先民的智慧，蕴含着多国文化特色与风土人情，向我们诉说着自古以来人与人、国与国之间从未间断过的联系与交流。

参考文献

1. 陈直．西安出土泥佛像通考．现代佛学，1963（3）．

2. 谭蝉雪．印沙·脱佛·脱塔．敦煌研究，1989（1）．

3. 牛达生．汉地小泥佛．小泥塔名称考——兼论“擦擦名称”．寻根，2008（1）．

4. 多杰才旦．边藏风土记．北京．中国藏学出版社，1987.

5. 义净．大唐西域求法高僧传．北京．中华书局，1988.

6. 华涛．南海寄归内法传．北京．东方出版社，2018.

7. 青海文物考古研究所．青海乌兰县大南湾遗址试掘简报．考古，2002（12）．

8. 中国社会科学院考古研究所新疆工作队．新疆和田地区策勒县达玛沟佛寺遗址发掘报告．考古学报，2007（4）．

9. 完成夙愿的圣物 擦擦——雕塑艺术．http://www.9m4.cn/minzuwenhua/88/6205.html.

10. 樊绰．云南志．

11. 噶玛降村．藏族万年大事记．北京．民族出版社，2005.

12. 李翎．擦擦与善业泥．中国美术研究第 6 辑（1994—2020）．

13. 图齐．梵天佛地（第一卷）．上海．上海古籍出版社，2009.

14. [奥]西格蒙特·弗洛伊德．一个幻觉的未来．杨韶刚，译．北京．华夏出版社，1991.

15. 门拉顿珠，杜玛格西·丹增彭措．彩绘工序明鉴．北京．中国藏学出版社，1997.

16. 熊文彬，李逸之．西藏古格擦擦艺术．北京．中国藏学出版社，2016.

17. 张建林．中国藏传佛教雕塑全集·擦擦．北京．北京美术摄影出版社，2002.

18. 刘栋．擦擦——藏传佛教模制泥佛像．天津．天津人民美术出版社，

2010.

19. 张鹰，李书敏．脱模泥塑．重庆．重庆出版社，2001.

20. 王海涛．云南佛教史．昆明．云南美术出版社，2001.

21. 迪庆藏族自治州民族宗教事务委员会．迪庆藏族自治州宗教志．北京．中国藏学出版社，1994.

22. 云南省迪庆藏族自治州概况编写组．云南迪庆藏族自治州概况．北京．民族出版社，2007.

23. 云南省中甸县地方志编纂委员会．中甸县志．昆明．云南民族出版社，1997.

24. 云南省维西傈僳族自治县地方志编纂委员会．维西县志．昆明．云南民族出版社，2009.

25. 云南省德钦县地方志编纂委员会．德钦县志．2011.

26. 迪庆藏族自治州民族宗教事务委员会．迪庆藏族自治州民族志．2001.

27. 云南省迪庆藏族自治州概况编写组．迪庆藏族自治州概况．昆明．云南民族出版社，2007.

后记

经过近两年的编撰，《泥上艺术——云南迪庆擦擦文化调查纪实》终于编纂成书。这本书是迪庆州博物馆田野调查成果的首次公开出版，它凝聚了全州参与擦擦文化调查工作者付出的艰辛和努力，体现了迪庆州博物馆业务水平和科研能力的提升。

作为藏传佛教艺术品的擦擦，笔者对它的认识和初步的研究得益于我国著名的擦擦收藏家李逸之老师。2017年在迪庆州建州60年庆典之际，迪庆州博物馆从我国著名的擦擦收藏家李逸之先生的收藏品中征集了一批擦擦，整合迪庆州博物馆历年来征集和社会捐赠的擦擦藏品，作为州庆献礼，在三楼展厅开设“中国擦擦文化艺术展”，共展出616件发现于西藏古格、青海、内蒙古、四川、甘肃和云南的擦擦，展出擦擦的年代从公元7世纪至18世纪。该展览自2019年9月开展以来，引起学者和观众的极大关注。

基于对展览的进一步完善和研究的需要，迪庆州博物馆从2019年10月至2020年12月组织开展“云南擦擦分布区域及其社会文化功能”的田野调查工作。此次田野调查有两项任务，一是调查记录迪庆境内擦擦的分布区域、保存现状、制作技艺、种类形制、供奉方式和社会文化功能。二是通过实地调查，提升州、县（市）乡级文化文物工作者的田野调查水平。这次调查范围为迪庆境内藏族分布区域，根据迪庆文化环境和社会发展进程中的重要事件，重点调查藏传佛教寺院、茶马古道沿线及沿线村落、梅里雪山内外转经路线及沿线村落。同时鉴于各级文化文物工作者长期在基层从事文化文物工作，需要掌握基本的田野调查方法，以助于他们更好地开展基层文化文物工作，调查人员主要由州博物馆、三县文物骨干和乡镇文化干事组成，其中州博物馆5人参与调查的全过程，三县文化遗产保护所（文管所）各2人，参与本县的调查工作，29个乡（镇）文化干事主要参加其所在乡（镇）的调查，同时根据调查的需要，聘请地方史、藏学、佛学、考古、文物鉴定等方面的专家参与。这次擦擦调查历时 15 个月，分 7 个阶段，共走访 20 个留存藏传佛教文化的乡镇，调查记录 136 个擦擦点，发现的擦擦种类丰富，获取了极其珍贵的第一手资料，填补了迪庆地区这一领域的空白。

通过调查，面上发现，在交通不便的乡镇和村落，擦擦文化保存比较完好，诸如德钦县的羊拉乡、佛山乡的江坡村、香格里拉市的东旺乡、维西县塔城镇的巴珠村，甚至在纳西族聚居村——佛山乡巴美村、纳古村、甲卡村都有擦康。这些乡镇和村落的擦擦点在调查中作了比较完整的记录。点上发现位于德钦县佛山乡江坡村的说达帕姆乃擦擦点和位于香格里拉市东旺乡公松神山下的公松擦擦洞是这次调查中发现擦擦数量最多、体例最大的擦擦洞；位于德钦县升平镇阿东村牧场的此里金安修行洞擦擦点发现的擦擦内容最为丰富；德钦县佛山乡溜筒江村的红仁 2 号擦康是这次调查中发现的唯一一座用圆木搭建的擦康，位于红仁村口，为茶马古道滇藏线入藏的必经之路；香格里拉市东旺乡中心村昌娘组 1 号点、2 号点是保存最为完好，发现擦擦种类最多，擦擦制作最精美的擦康；私人修建的擦康和建在水源地的擦康比较少，私人修建的擦康仅发现了 3 座，水源地的擦擦发现了 2 座。

2021 年 1 月，笔者离开工作岗位。基于把擦擦调查成果编纂成书，把翔实的第一手资料留给后人进行深入研究的想法，年初开始整理擦擦田野调查资料，查阅资料，撰写擦擦田野调查成果的编纂大纲。2022年春节后受州博物馆的委托，着手撰写《泥上艺术——云南迪庆擦擦文化调查纪实》一书，并于 5 月中旬完成初稿。5 月 21 日州博物馆组织州内文博和藏学专家召开审稿会。根据专家提出的审阅意见，用三个月的时间对文献内容和照片资料查缺补漏，对文字进行系统的梳理和修改，并对书的结构和内容作了调整。8 月 20 日，完成送审稿的全面修改，送交出版社。

历时两年的《泥上艺术——云南迪庆擦擦文化调查纪实》编撰，于我是一个殚精竭虑但又享受求知快乐的历程。因擦擦文化的研究目前在国内研究者甚少，在云南是一个空白，加之笔者对藏文化的认识不深，要查阅大量的资料，特别是在造像类擦擦的识别和描述中更是多方求教，慎之又慎。

此书在编撰过程中得到寺院高僧的指正，得到了同行们的帮助和支持。在编撰过程中，每次回忆调查过程中的悬崖绝壁和风餐露宿，感激队员们给予的力量，共同完成了调查任务，回忆艰辛付出后收获的喜悦，因激动而热泪盈眶。特别是李逸之老师，在调查过的编撰过程中，他不厌其烦的解答，从专业的角度提出了许多宝贵的意见，并为本书作序。值本书出版之际，谨向各位一并致谢！

因编者水平有限，本书的缺失和错误在所难免，恳请专家和读者给予指正。

陈树珍

2022 年 10 月于香格里拉